한자능력 검정시험 대비

어휘력·문해력을 키워 주는

6급 한자

심경석 엮음 손성은 그림

지경사

왜 한자를 배워야 할까?

한자(漢字)는 중국의 글자입니다.
중국과 우리나라, 일본은 한자 문화권을 이루었습니다. 따라서 학문을 연구하더라도 한자를 모르면 깊이 들어가지 못하는 경우가 많습니다.
요즘 특히 강조하는 '문해력'은 글의 문장과 문맥을 이해하는 능력입니다. 문장을 정확히 파악하려면 한글과 한자어로 이루어진 낱말의 뜻을 잘 알아야 합니다.
따라서 낱말의 기본 요소이자 우리말의 많은 부분을 차지하는 '한자'를 익히는 것이 중요합니다.
한자는 한글이 만들어지기 전부터 오랫동안 사용해 우리나라 말의 70퍼센트를 이루고 있다고 합니다. 학교에서 공부할 때나 일상생활에서 대화할 때도 한자를 모르면 이해하기 어려운 표현들이 많습니다.
중국이 세계의 경제 대국이 되면서 가까운 이웃인 우리나라와 일본은 더욱 한자를 멀리할 수 없게 되었습니다.
중국어를 잘하거나 한자 실력이 좋은 사람은 취업할 때도 유리합니다.
사단법인 한국어문회(한국 한자능력검정회)에서 '한자능력 검정시험'을 통해 급수 자격을 주는 시험 제도를 만든 것도 한자 교육을 잘하자는 뜻에서입니다. 이 자격을 가진 사람에게 입학 시험에서 가산점을 주는 대학도 있고, 입사 시험에서 가산점을 주는 기업도 있습니다.
이러한 점에서 한자능력 검정시험 공부는 급수 자격을 딸 수 있어서뿐만 아니라 학교 교육을 받는 데 큰 도움이 되어 좋습니다.

1장

교육

1장에서 익혀요!

英才神童
音樂美術
圖畫醫科

공부한 날: _____ 월 _____ 일

英
- 훈 꽃부리 음 영
- 부수 艸(艹)

쓰임
- 英才(영재) 재주가 뛰어난 사람.
- 英國(영국) 유럽 북서쪽에 있는 섬나라.
- 英語(영어) 영국, 미국 등에서 사용하는 언어.
- 英雄(영웅) 재능과 지혜가 뛰어난 사람.

才
- 훈 재주 음 재
- 부수 手(扌)

쓰임
- 才能(재능) 재주와 능력.
- 天才(천재) 남보다 뛰어난 재주를 가진 사람.
- 人才(인재) 재주가 아주 뛰어난 사람.
- 多才(다재) 재주가 많음.

✏️ 一 十 艹 艹 芇 苂 英 英

英	英	英	英	英	英	英
꽃부리 영						

✏️ 一 十 才

才	才	才	才	才	才	才
재주 재						

공부한 날: _____월 _____일

神

훈 귀신 음 신

부수 示

쓰임
神話(신화) 신들에 관한 이야기.
　　　<예> 그리스 로마 神話
山神(산신) 산을 지키고 다스리는 신.
水神(수신) 물을 맡아 다스리는 신.

童

훈 아이 음 동

부수 立

쓰임
童心(동심) 아이(아이처럼 순진한)의 마음.
童話(동화) 어린이를 위하여 쓴 이야기.
神童(신동) 재주와 슬기가 뛰어난 아이.
兒童(아동) 어린아이.

✏️ 丶 亠 亍 于 示 和 和 神

神	神	神	神	神	神	神
귀신 신						

✏️ 丶 亠 宀 立 产 咅 音 音 音 童 童

童	童	童	童	童	童	童
아이 동						

공부한 날: _____ 월 _____ 일

훈 소리 음 음

부수 音

音聲(음성) 목소리. <예> 아버지의 音聲
防音(방음) 소리를 막음. <예> 防音 장치
高音(고음) 높은 소리. ↔ 低音(저음)
發音(발음) 소리를 냄.

훈 즐길 음 락(낙)
훈 풍류 음 악
훈 좋아할 음 요

부수 木

安樂(안락) 편하고 즐거움.
娛樂(오락) 노래·게임 따위로 즐겁게 하는 일.
**樂器(악기)` 음악을 연주하는 데 쓰이는 기구.
樂山樂水(요산요수) 산과 물을 좋아함.

✏️ 丶 亠 宀 立 产 音 音 音

音	音	音	音	音	音	音
소리 음						

✏️ 丶 ⺊ 白 白 白 帛 帛 絈 丝 丝 丝 樂 樂 樂

樂	樂	樂	樂	樂	樂	樂
즐길 락(낙)						

공부한 날: _____월 _____일

美

훈 아름다울 **음** 미

부수 羊

쓰임
- **美人(미인)** 아름다운 사람.
- **美男(미남)** 아름다운 남자. ↔ 美女(미녀)
- **美術(미술)** 공간·시각의 미를 표현하는 예술.
- **美國(미국)** 북아메리카에 있는 나라.

術

훈 재주 **음** 술

부수 行

쓰임
- **手術(수술)** 병을 고치는 일.
- **武術(무술)** 무도에 관한 기술.
- **技術(기술)** 어떤 일을 해내는 방법이나 능력.
- **弓術(궁술)** 활 쏘는 기술.

✏️ ` ヽ ヾ ㅛ ㅛ ヰ 并 羊 美 美

美	美	美	美	美	美
아름다울 **미**					

✏️ ` ㇒ ㇒ 彳 彳 彳 补 补 术 术 术 術

術	術	術	術	術	術
재주 **술**					

공부한 날: _____ 월 _____ 일

圖
훈 그림 음 도
부수 囗

(畵)
畫
훈 그림 음 화
훈 그을 음 획
부수 田

쓰임
- 地圖(지도) 땅의 모양을 나타낸 그림.
- 圖畫(도화) 그림과 도안. 그림을 그림.
- 圖書(도서) 글이나 그림을 인쇄해 묶은 것. 책.
- 圖面(도면) 건축 등의 구조를 그린 그림.

쓰임
- 畫家(화가) 그림을 전문으로 그리는 작가.
- 名畫(명화) 아주 잘 그린 유명한 그림.
- 畫室(화실) 화가가 작업하는 방.
- 山水畫(산수화) 자연의 풍경을 그린 그림.

✏ 丨 冂 冂 冃 冃 囗 囝 圄 圖 圖 圖 圖 圖

圖	圖	圖	圖	圖	圖	圖
그림 도						

✏ 一 フ ユ 크 글 圭 聿 聿 聿 畫 畫 畫 畫

畫	畫	畫	畫	畫	畫	畫
그림 화/그을 획						

공부한 날: _____월 _____일

醫
훈 의원 **음** 의
부수 酉

쓰임
- 醫師(의사) 의술로 병을 고치는 사람.
- 醫院(의원) 의료 시설을 갖추어 병을 고치는 곳.
- 醫學(의학) 의술에 관한 학문.
- 醫書(의서) 의학에 관한 책.

科
훈 과목 **음** 과
부수 禾

쓰임
- 科目(과목) 학문의 구분. 분류한 조목.
- 科學(과학) 보편적인 진리나 법칙의 발견을 목적으로 한 체계적인 지식.
- 敎科(교과) 가르치는 과목. <예> 敎科書

✏️ 一 丅 丆 드 医 医 医 医 医殳 医殳 殹 殹 殹 毉 毉 毉 醫

醫 | 醫 | 醫 | 醫 | 醫 | 醫
의원 의

✏️ ´ 二 千 千 禾 禾 禾 科 科

科 | 科 | 科 | 科 | 科 | 科
과목 과

9

1장 마무리 문제

공부한 날: _____ 월 _____ 일

● 다음 漢字語의 讀音을 써 보세요.

(1) 神童 (　　　)　　(2) 音樂 (　　　)　　(3) 美術 (　　　)

(4) 英才 (　　　)　　(5) 醫科 (　　　)　　(6) 美男 (　　　)

(7) 童話 (　　　)　　(8) 英國 (　　　)　　(9) 美國 (　　　)

(10) 畫家 (　　　)　　(11) 科學 (　　　)　　(12) 農樂 (　　　)

(13) 童心 (　　　)　　(14) 美女 (　　　)　　(15) 美人 (　　　)

(16) 醫術 (　　　)　　(17) 名畫 (　　　)　　(18) 地圖 (　　　)

(19) 圖面 (　　　)　　(20) 神話 (　　　)　　(21) 畫室 (　　　)

(22) 安樂 (　　　)　　(23) 軍樂 (　　　)　　(24) 圖畫 (　　　)

(25) 山水畫 (　　　　)　　　　(26) 動物畫 (　　　　)

(27) 音樂家 (　　　　)　　　　(28) 美術室 (　　　　)

● 다음의 訓과 音에 알맞은 漢字를 써 보세요.

(29) 의원 의	(30) 재주 재	(31) 꽃부리 영	(32) 그림 도	(33) 소리 음	(34) 과목 과

(35) 재주 술	(36) 아름다울 미	(37) 즐길 락(낙)	(38) 그림 화	(39) 귀신 신	(40) 아이 동

1장 마무리 문제

공부한 날: _____월 _____일

● 다음 漢字의 뜻을 例에서 골라 그 번호를 써 보세요.

〈例〉
① 의원　② 아이　③ 그림　④ 과목　⑤ 재주
⑥ 소리　⑦ 즐기다　⑧ 아름답다　⑨ 꽃부리　⑩ 귀신

(41)	美		(46)	英	
(42)	科		(47)	樂	
(43)	才		(48)	童	
(44)	畵		(49)	神	
(45)	音		(50)	醫	

● 다음 漢字語의 뜻에 알맞은 답을 例에서 골라 그 번호를 써 보세요.

〈例〉
① 아름다운 여자　② 땅의 모양을 나타낸 그림
③ 아주 잘 그린 유명한 그림　④ 어린이를 위하여 쓴 이야기
⑤ 그림을 전문으로 그리는 작가　⑥ 재주와 슬기가 뛰어난 아이
⑦ 편하고 즐거움　⑧ 재주가 뛰어난 사람
⑨ 화가가 작업하는 방　⑩ 신들에 관한 이야기
⑪ 소리에 의한 예술(성악·기악)
⑫ 공간·시각의 미를 표현하는 예술

(51) 名畵 (　　)　(52) 神話 (　　)　(53) 畵家 (　　)
(54) 美術 (　　)　(55) 安樂 (　　)　(56) 英才 (　　)
(57) 畵室 (　　)　(58) 地圖 (　　)　(59) 美女 (　　)
(60) 音樂 (　　)　(61) 童話 (　　)　(62) 神童 (　　)

1장 마무리 문제

공부한 날: _____ 월 _____ 일

● 다음 밑줄 친 낱말을 漢字로 써 보세요.

(63) 나는 그리스 <u>신화</u>를 읽었습니다.   (   )

(64) 아버지가 <u>동화</u>책을 사 오셨습니다.   (   )

(65) <u>미술</u> 시간에 그림을 그렸습니다.   (   )

(66) 세계 <u>지도</u>에서 영국을 찾았습니다.   (   )

(67) 삼촌은 <u>의과</u> 대학교에 다닙니다.   (   )

● 다음 漢字語의 뜻을 써 보세요.

(68) 童話 :

(69) 美人 :

(70) 畫家 :

(71) 神話 :

(72) 英才 :

1장 마무리 문제 정답

(1) 신동	(2) 음악	(3) 미술	(4) 영재	(5) 의과
(6) 미남	(7) 동화	(8) 영국	(9) 미국	(10) 화가
(11) 과학	(12) 농악	(13) 동심	(14) 미녀	(15) 미인
(16) 의술	(17) 명화	(18) 지도	(19) 도면	(20) 신화
(21) 화실	(22) 안락	(23) 군악	(24) 도화	(25) 산수화
(26) 동물화	(27) 음악가	(28) 미술실	(29) 醫	(30) 才
(31) 英	(32) 圖	(33) 音	(34) 科	(35) 術
(36) 美	(37) 樂	(38) 畫	(39) 神	(40) 童
(41) ⑧	(42) ④	(43) ⑤	(44) ③	(45) ⑥
(46) ⑨	(47) ⑦	(48) ②	(49) ⑩	(50) ①
(51) ③	(52) ⑩	(53) ⑤	(54) ⑫	(55) ⑦
(56) ⑧	(57) ⑨	(58) ②	(59) ①	(60) ⑪
(61) ④	(62) ⑥	(63) 神話	(64) 童話	(65) 美術
(66) 地圖	(67) 醫科	(68) 어린이를 위하여 쓴 이야기	(69) 아름다운 사람	
(70) 그림을 전문으로 그리는 작가	(71) 신들에 관한 이야기	(72) 재주가 뛰어난 사람		

2장

자연

2장에서 익혀요!

太 陽 球 形
風 雪 溫 度
淸 明 庭 園

공부한 날: _____월 _____일

太

훈 클 음 태

부수 大

쓰임
- **太古(태고)** 아주 오랜 옛날.
- **太平(태평)** 매우 평안함. <예> 太平 시대
- **太陽(태양)** 해.
- **太祖(태조)** 나라를 세운 시조.

陽

훈 볕 음 양

부수 阜(阝)

쓰임
- **陽地(양지)** 햇볕이 바로 드는 곳.
- **夕陽(석양)** 저녁 햇볕. 해질 무렵의 볕.
- **陽光(양광)** 햇빛. 태양볕.
- **漢陽(한양)** 조선 시대 때의 도읍지. 서울.

✏️ 一 ナ 大 太

太	太	太	太	太	太	太
클 태						

✏️ ㄱ ㅋ 阝 阝' 阝" 阝" 阝" 阝 阝 陽 陽

陽	陽	陽	陽	陽	陽
볕 양					

공부한 날: ___월 ___일

球
훈 공 음 구
부수 玉(王)

地球(지구) 인류가 살고 있는 천체.
球根(구근) 둥글게 생긴 땅속 줄기나 뿌리.
電球(전구) 전기를 통하여 밝게 하는 기구.
球形(구형) 공처럼 둥근 모양.

形
훈 모양 음 형
부수 彡

人形(인형) 사람의 모양을 본떠 만든 장난감.
地形(지형) 땅의 생김새.
外形(외형) 겉으로 드러난 모양.
有形(유형) 형체가 있음. ↔ 無形(무형)

✏ 一 十 十 于 王 玗 玗 玗 玗 球 球

球	球	球	球	球	球
공 구					

✏ 一 二 于 开 开 形 形

形	形	形	形	形	形
모양 형					

공부한 날: _____ 월 _____ 일

風

훈 바람 **음** 풍

부수 風

쓰임
- 暴風(폭풍) 몹시 세차게 부는 바람.
- 風力(풍력) 바람의 힘. <예> 風力 발전소
- 風向(풍향) 바람이 부는 방향.
- 家風(가풍) 한 집안의 풍습.

雪

훈 눈 **음** 설

부수 雨

쓰임
- 白雪(백설) 하얀 눈. <예> 白雪 공주
- 雪景(설경) 눈 경치. <예> 아름다운 雪景
- 大雪(대설) 아주 많이 오는 눈. 24절기의 하나.
- 雪夜(설야) 눈이 내리는 밤.

✏️ ﹨ 几 凡 凡 風 風 風 風 風

風	風	風	風	風	風	風
바람 풍						

✏️ 一 厂 戶 币 乺 雪 雪 雪 雪 雪 雪

雪	雪	雪	雪	雪	雪	雪
눈 설						

공부한 날: _____월 _____일

훈 따뜻할 **음** 온
부수 水(氵)

훈 법도 **음** 도
훈 헤아릴 **음** 탁
부수 广

쓰임
- 溫水(온수) 따뜻한 물.
- 溫室(온실) 각종 식물을 재배하는 구조물.
- 溫氣(온기) 따뜻한 기운.
- 氣溫(기온) 대기의 온도.

쓰임
- 溫度(온도) 덥고 찬 정도. 기온의 도수.
- 速度(속도) 일이 진행되는 빠른 정도.
- 度數(도수) 어떠한 정도.
- 年度(연도) 일 년 동안의 기간.

✏️ 丶 丶 氵 氵 氵 汩 汩 汩 汩 汩 溫 溫 溫

溫	溫	溫	溫	溫	溫	溫
따뜻할 온						

✏️ 丶 一 广 广 广 庐 庐 庋 度 度

度	度	度	度	度	度	度
법도 **도**/헤아릴 **탁**						

17

공부한 날: _____월 _____일

清

훈 맑을 **음** 청

부수 水(氵)

清水(청수) 맑은 물.
<예> 清水를 떠 놓고 기도했다.
清明(청명) 맑고 밝음. <예> 清明한 날씨
清掃(청소) 깨끗이 정리하고 치움.

明

훈 밝을 **음** 명

부수 日

明日(명일) 오늘의 바로 다음 날. 내일.
明年(명년) 올해의 다음 해. 내년.
明白(명백) 아주 분명함.
清風明月(청풍명월) 맑은 바람과 밝은 달.

✏️ 丶 冫 氵 浐 浐 浐 清 清 清 清

清	清	清	清	清	清	清
맑을 청						

✏️ 丨 冂 日 日 町 明 明 明

明	明	明	明	明	明	明
밝을 명						

공부한 날: _____월 _____일

훈 뜰 음 정

부수 广

庭園(정원) 집 안에 있는 뜰과 꽃밭.
庭球(정구) 테니스. 연식 정구.
校庭(교정) 학교의 마당이나 운동장.
家庭(가정) 부부를 중심으로 한 가족.

훈 동산 음 원

부수 囗

公園(공원) 여러 시설을 꾸며 놓은 큰 정원.
動物園(동물원) 동물을 모아 놓고 구경할 수 있도록 꾸며 놓은 공원.
花園(화원) 꽃을 심은 동산. 꽃가게.

✏️ ` 一 广 广 庐 庐 庭 庭 庭

庭	庭	庭	庭	庭	庭
뜰 정					

✏️ 丨 冂 冂 冃 冃 周 周 周 園 園 園 園

園	園	園	園	園	園
동산 원					

2장 마무리 문제

공부한 날: ____월 ____일

● 다음 漢字語의 讀音을 써 보세요.

(1) 庭園 (　　　)　　(2) 白雪 (　　　)　　(3) 太陽 (　　　)

(4) 地球 (　　　)　　(5) 人形 (　　　)　　(6) 溫度 (　　　)

(7) 淸明 (　　　)　　(8) 形便 (　　　)　　(9) 球形 (　　　)

(10) 陽地 (　　　)　　(11) 夕陽 (　　　)　　(12) 溫水 (　　　)

(13) 西風 (　　　)　　(14) 大雪 (　　　)　　(15) 淸水 (　　　)

(16) 庭球 (　　　)　　(17) 明太 (　　　)　　(18) 園長 (　　　)

(19) 太平 (　　　)　　(20) 風力 (　　　)　　(21) 溫室 (　　　)

(22) 明白 (　　　)　　(23) 淸風明月 (　　　　　)

● 다음 漢字의 訓과 音을 例에서 골라 그 번호를 써 보세요.

〈例〉
① 맑을 청　　② 동산 원　　③ 클 태
④ 눈 설　　　⑤ 뜰 정　　　⑥ 법도 도
⑦ 별 양　　　⑧ 따뜻할 온　⑨ 밝을 명
⑩ 모양 형　　⑪ 바람 풍　　⑫ 공 구

(24) 陽 (　　　)　　　　(25) 度 (　　　)

(26) 雪 (　　　)　　　　(27) 太 (　　　)

(28) 園 (　　　)　　　　(29) 球 (　　　)

(30) 明 (　　　)　　　　(31) 風 (　　　)

(32) 淸 (　　　)　　　　(33) 庭 (　　　)

(34) 形 (　　　)　　　　(35) 溫 (　　　)

2장 마무리 문제

●빈 칸에 알맞은 漢字를 써 보세요.

(36) 정원 ☐ 園   (37) 백설 白 ☐

(38) 태양 太 ☐   (39) 온도 ☐ 度

(40) 지구 地 ☐   (41) 청명 ☐ 明

●다음 漢字와 음이 같은 漢字를 골라 그 번호를 써 보세요.

(42) 度 (　)　①冬　②道　③登　④答
(43) 庭 (　)　①電　②長　③全　④正
(44) 形 (　)　①兄　②海　③活　④孝
(45) 明 (　)　①民　②問　③名　④面
(46) 球 (　)　①九　②車　③旗　④金
(47) 淸 (　)　①春　②靑　③七　④村

●다음 漢字語의 뜻을 써 보세요.

(48) 風雪 :
(49) 太陽 :
(50) 庭園 :
(51) 溫度 :
(52) 淸明 :
(53) 球形 :

2장 마무리 문제

공부한 날: _____월 _____일

● 다음 밑줄 친 낱말을 漢字로 써 보세요.

(54) 지구는 <u>태양</u>의 주위를 돕니다. ( )

(55) 나는 <u>미술</u>을 가장 좋아합니다. ( )

(56) 실내 <u>온도</u>가 너무 높습니다. ( )

(57) 내 동생은 음악 <u>신동</u>으로 불립니다. ( )

(58) 할아버지는 늘 <u>정원</u>을 가꾸십니다. ( )

(59) 그는 죄가 없는 것이 <u>명백</u>합니다. ( )

(60) 엄마가 <u>명태</u>를 사 왔습니다. ( )

(61) 아빠가 예쁜 <u>인형</u>을 사 왔습니다. ( )

(62) <u>백설</u> 공주 이야기를 읽었습니다. ( )

(63) 이 약은 <u>온수</u>로 먹어야 합니다. ( )

(64) <u>온실</u>에서는 화초가 잘 자랍니다. ( )

(65) 아이들이 <u>양지</u>에서 놀고 있습니다. ( )

● 2장 마무리 문제 정답

(1)정원	(2)백설	(3)태양	(4)지구	(5)인형
(6)온도	(7)청명	(8)형편	(9)구형	(10)양지
(11)석양	(12)온수	(13)서풍	(14)대설	(15)청수
(16)정구	(17)명태	(18)원장	(19)태평	(20)풍력
(21)온실	(22)명백	(23)청풍명월	(24)⑦	(25)⑥
(26)④	(27)③	(28)②	(29)⑫	(30)⑨
(31)⑪	(32)①	(33)⑤	(34)⑩	(35)⑧
(36)庭	(37)雪	(38)陽	(39)溫	(40)球
(41)淸	(42)②	(43)④	(44)①	(45)③
(46)①	(47)②	(48)바람과 눈	(49)해	(50)집 안에 있는 뜰과 꽃밭
(51)덥고 찬 정도	(52)맑고 밝음	(53)공처럼 둥근 모양		(54)太陽
(55)美術	(56)溫度	(57)神童	(58)庭園	(59)明白
(60)明太	(61)人形	(62)白雪	(63)溫水	(64)溫室
(65)陽地				

22

3장

회사

3장에서 익혀요!

會 社 代 表
成 功 幸 運
親 孫 禮 式

공부한 날: ＿＿＿월 ＿＿＿일

會
훈 모일 음 회
부수 日

쓰임
- 會長(회장) 모임의 우두머리.
- 國會(국회) 국민의 대표(국회 의원)가 모인 입법 기관. <예> 國會 의사당
- 面會(면회) 얼굴을 대하여 만나 봄.

社
훈 모일 음 사
부수 示

쓰임
- 社會(사회) 공동 생활을 하는 인간의 집단.
- 社長(사장) 회사를 대표하는 사람.
- 會社(회사) 영리를 목적으로 세운 조직체.
- 入社(입사) 회사 등에 취직하여 들어감.

丿 人 人 人 合 合 合 合 合 會 會 會 會

會	會	會	會	會	會	會
모일 회						

一 二 亍 亓 示 示 社 社

社	社	社	社	社	社
모일 사					

代

훈 대신할 **음** 대

부수 人(亻)

쓰임
- 代書(대서) 남을 대신해서 글이나 글씨를 씀.
- 時代(시대) 역사적인 특징으로 구분한 일정한 기간. <예> 조선 時代
- 年代(연대) 지나간 시간을 일정한 햇수로 나눈 것.

表

훈 겉 **음** 표

부수 衣

쓰임
- 表面(표면) 겉면. <예> 表面이 거칠다.
- 代表(대표) 집단의 우두머리.
- 地表(지표) 지구의 표면. 땅의 표면.
- 表記(표기) 문자나 기호로 언어를 표시함.

✏️ ノ 亻 亻 代 代

代	代	代	代	代	代	代
대신할 대						

✏️ 一 二 三 主 丰 未 表 表

表	表	表	表	表	表	表
겉 표						

공부한 날: _____월 _____일

成

훈 이룰 음 성

부수 戈

쓰임
- 成人(성인) 어른. 학문과 덕행을 갖춘 사람.
- 形成(형성) 어떤 모양을 이룸.
- 大成(대성) 크게 이룸.
- 成立(성립) 이루어짐.

功

훈 공 음 공

부수 力

쓰임
- 成功(성공) 목표한 것을 이룸. ↔ 失敗(실패)
- 有功(유공) 공이 있음. <예> 有功者(유공자)
- 功勞(공로) 일에 애쓴 공적.
- 武功(무공) 군사상의 공적.

✏️ ノ 厂 厂 厅 成 成 成

成	成	成	成	成	成	成
이룰 성						

✏️ 一 丁 工 功 功

功	功	功	功	功	功	功
공 공						

幸

훈 다행 **음** 행

부수 干

쓰임
- **幸福(행복)** 부족이나 불만이 없는 상태.
  ↔ 不幸(불행)
- **不幸(불행)** 행복하지 않음.
- **多幸(다행)** 일이 좋게 됨.

運

훈 옮길 **음** 운

부수 辵(辶)

쓰임
- **運動(운동)** 몸을 단련하려고 움직이는 것.
- **幸運(행운)** 좋은 운수.
- **運命(운명)** 필연적이고도 초인간적인 힘.
- **運轉(운전)** 기계나 자동차 등을 움직여 굴림.

一 十 土 ᆂ 圡 幸 幸 幸

幸	幸	幸	幸	幸	幸	幸
다행 행						

丶 冖 冖 冖 骨 骨 冒 宣 軍 渾 渾 渾 運

運	運	運	運	運	運	運
옮길 운						

공부한 날: _____월 _____일

親
훈 친할 **음** 친
부수 見

쓰임
- 親近(친근) 매우 정다움.
- 先親(선친) 돌아가신 자기 아버지.
- 父親(부친) 아버지. ↔ 母親(모친)
- 親庭(친정) 결혼한 여자의 부모 형제가 사는 집.

孫
훈 손자 **음** 손
부수 子

쓰임
- 子孫(자손) 아들딸과 손자. 후손.
- 孫子(손자) 아들의 아들 또는 딸의 아들.
- 長孫(장손) 맏손자.
- 子子孫孫(자자손손) 자손의 여러 대.

✏️ ﾞ 亠 立 ㅍ 辛 辛 亲 剎 新 新 新 新 親

親	親	親	親	親	親	親
친할 **친**						

✏️ 乛 了 子 孑 孒 孫 孫 孫 孫 孫

孫	孫	孫	孫	孫	孫	孫
손자 **손**						

공부한 날: ____월 ____일

훈 예도 음 례(예)
부수 示

禮節(예절) 예의와 절도. 예의범절.
禮拜(예배) 신이나 부처 앞에 경배함.
敬禮(경례) 경의를 표하기 위해 하는 동작.
無禮(무례) 예의가 없음.

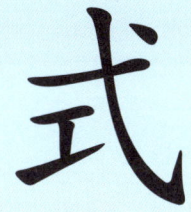
훈 법 음 식
부수 弋

式場(식장) 식을 올리는 장소.
禮式(예식) 예법에 따른 의식.
公式(공식) 공적인 방식. 관청의 의식.
方式(방식) 일정한 방법이나 형식.

✏️ 一 二 干 示 示 示 和 和 神 神 神 禮 禮 禮 禮 禮

禮	禮	禮	禮	禮	禮
예도 례(예)					

✏️ 一 二 干 王 式 式

式	式	式	式	式	式
법 식					

3장 마무리 문제

● 다음 漢字語의 讀音을 써 보세요.

(1) 會長 (　　　)　　(2) 社會 (　　　)　　(3) 表面 (　　　)

(4) 時代 (　　　)　　(5) 形成 (　　　)　　(6) 成人 (　　　)

(7) 會社 (　　　)　　(8) 不運 (　　　)　　(9) 運動 (　　　)

(10) 父親 (　　　)　　(11) 代表 (　　　)　　(12) 孫女 (　　　)

(13) 外孫 (　　　)　　(14) 子孫 (　　　)　　(15) 禮物 (　　　)

(16) 親庭 (　　　)　　(17) 運命 (　　　)　　(18) 方式 (　　　)

(19) 不幸 (　　　)　　(20) 成功 (　　　)　　(21) 幸運 (　　　)

(22) 禮式 (　　　)　　(23) 親孫 (　　　)　　(24) 式場 (　　　)

(25) 運動場 (　　　)　　　　(26) 成功人 (　　　)

(27) 禮式場 (　　　)　　　　(28) 中生代 (　　　)

● 다음 漢字의 訓과 音을 써 보세요.

(29)	幸		(35)	禮	
(30)	社		(36)	親	
(31)	式		(37)	運	
(32)	會		(38)	表	
(33)	成		(39)	功	
(34)	孫		(40)	代	

3장 마무리 문제

공부한 날: _____월 _____일

● 다음 밑줄 친 낱말을 漢字로 써 보세요.

(41) 이장님은 우리 마을을 대표하는 분입니다. (   )

(42) 삼촌은 큰 회사에 다닙니다. (   )

(43) 부지런한 사람이 성공합니다. (   )

(44) 뽑기로 상품을 타는 행운을 얻었습니다. (   )

(45) 이모는 오늘 결혼 예식을 올렸습니다. (   )

(46) 할아버지는 친손이 4명입니다. (   )

(47) 나는 운동을 아주 잘합니다. (   )

(48) 군대 간 사촌 형 면회를 갔습니다. (   )

(49) 공룡은 중생대에 번성했습니다. (   )

(50) 졸업식 식장을 꾸미고 있습니다. (   )

(51) 이 영화는 성인들이 보는 영화입니다. (   )

● 다음 漢字와 음이 같은 漢字를 例에서 골라 그 번호를 써 보세요.

〈例〉 ① 植 ② 道 ③ 四 ④ 空
    ⑤ 東 ⑥ 花 ⑦ 大 ⑧ 姓

(52) 功 (   )   (53) 式 (   )

(54) 成 (   )   (55) 代 (   )

(56) 社 (   )   (57) 畫 (   )

(58) 童 (   )   (59) 圖 (   )

3장 마무리 문제

공부한 날: _____월 _____일

● 다음 漢字와 뜻이 같은 漢字를 골라 그 번호를 써 보세요.

(60) 社 (   )   ① 表   ② 會   ③ 功   ④ 代

(61) 才 (   )   ① 神   ② 英   ③ 術   ④ 成

(62) 圖 (   )   ① 畫   ② 美   ③ 術   ④ 音

● 다음 漢字語의 反義語(반의어)나 相對語(상대어)를 골라 그 번호를 써 보세요.

(63) 親孫 (   )   ① 家庭   ② 食口   ③ 外孫   ④ 父親

(64) 幸運 (   )   ① 成功   ② 大成   ③ 安心   ④ 不運

(65) 父親 (   )   ① 母親   ② 三寸   ③ 父母   ④ 生父

• 3장 마무리 문제 정답

(1)회장　(2)사회　(3)표면　(4)시대　(5)형성
(6)성인　(7)회사　(8)불운　(9)운동　(10)부친
(11)대표　(12)손녀　(13)외손　(14)자손　(15)예물
(16)친정　(17)운명　(18)방식　(19)불행　(20)성공
(21)행운　(22)예식　(23)친손　(24)식장　(25)운동장
(26)성공인　(27)예식장　(28)중생대　(29)다행 행　(30)모일 사
(31)법 식　(32)모일 회　(33)이룰 성　(34)손자 손　(35)예도 례(예)
(36)친할 친　(37)옮길 운　(38)겉 표　(39)공 공　(40)대신할 대
(41)代表　(42)會社　(43)成功　(44)幸運　(45)禮式
(46)親孫　(47)運動　(48)面會　(49)中生代　(50)式場
(51)成人　(52)④　(53)①　(54)⑧　(55)⑦
(56)③　(57)⑥　(58)⑤　(59)②　(60)②
(61)③　(62)①　(63)③　(64)④　(65)①

4장

건강

4장에서 익혀요!

身 體 部 分
注 意 洋 藥
米 飮 病 死

공부한 날: ___월 ___일

身
훈 몸 **음** 신
부수 身

- **身長(신장)** 사람의 키.
- **心身(심신)** 마음과 몸.
- **身分(신분)** 개인의 사회적 지위와 계급.
- **全身(전신)** 온몸.

體
훈 몸 **음** 체
부수 骨

- **身體(신체)** 사람의 몸. <예> 身體가 크다.
- **體力(체력)** 몸의 힘. <예> 體力 단련
- **體溫(체온)** 몸의 온도.
- **體重(체중)** 몸의 무게. <예> 體重이 줄었다.

✏️ ′ ⺈ ⺆ 甶 自 身 身

身	身	身	身	身	身	身
몸 신						

✏️ ⎿ ⎾ 冂 冃 曰 品 骨 骨 骨 骨 骨 骨 骨 骨 體 體 體 體 體 體 體

體	體	體	體	體	體	體
몸 체						

공부한 날: _____월 _____일

部

훈 거느릴 **음** 부

부수 邑(阝)

쓰임
- **部下(부하)** 거느리는 아랫사람.
- **內部(내부)** 안쪽 부분. ↔ 外部(외부)
- **部長(부장)** 한 부서의 책임자.
- **部分(부분)** 전체를 몇 개로 나눈 것의 하나.

分

훈 나눌 **음** 분

부수 刀

쓰임
- **氣分(기분)** 마음에 저절로 느껴지는 상태.
  <예> 氣分이 어떠니?
- **分家(분가)** 결혼 따위로 살림을 차려 따로 나감.
- **分班(분반)** 한 반을 몇 개의 반으로 나눔.

✏️ ` 一 十 古 产 咅 咅 咅' 咅⻏ 部

部	部	部	部	部	部
거느릴 부					

✏️ ノ 八 分 分

分	分	分	分	分	分
나눌 분					

6급

공부한 날: _____월 _____일

훈 부을 음 주
부수 水(氵)

훈 뜻 음 의
부수 心

쓰임
- 注力(주력) 힘을 들임.
- 注油(주유) 차에 기름을 넣음. <예> 注油所
- 注文(주문) 원하는 물건 등을 의뢰하는 일.
- 注意(주의) 마음에 새겨 두어 조심함.

쓰임
- 意外(의외) 뜻밖. 생각 밖. <예> 意外의 사건
- 意見(의견) 마음에 느낀 바 생각.
- 意向(의향) 무엇을 하려는 생각.
- 意圖(의도) 생각. 장차 하려는 계획.

✏️ 丶 丶 氵 氵 汁 注 注 注

注	注	注	注	注	注
부을 주					

✏️ 丶 亠 亠 文 立 产 音 音 音 意 意 意

意	意	意	意	意	意
뜻 의					

공부한 날: _____월 _____일

洋
훈 큰바다 **음** 양
부수 水(氵)

쓰임
- 洋服(양복) 서양식의 옷.
- 洋食(양식) 서양식의 음식.
- 東洋(동양) 아시아 지역. ↔ 西洋(서양)
- 大洋(대양) 세계의 해양 중 특히 넓고 큰 바다.

藥
훈 약 **음** 약
부수 艸(艹)

쓰임
- 藥草(약초) 약으로 쓰이는 풀.
- 藥水(약수) 약효가 있는 샘물.
- 漢藥(한약) 한방의 약. ↔ 洋藥(양약)
- 藥局(약국) 약사가 약을 조제·판매하는 곳.

✎ 丶 氵 氵 氵 汫 洋 洋 洋

洋	洋	洋	洋	洋	洋
큰바다 양					

✎ 一 十 卄 艹 艹 芍 芍 芍 荀 菂 菂 蕬 蕬 蕬 藥 藥 藥

藥	藥	藥	藥	藥	藥
약 약					

공부한 날: _____ 월 _____ 일

훈 쌀 음 미
부수 米

쓰임
白米(백미) 흰쌀.
節米(절미) 쌀을 절약함. <예> 節米 운동
玄米(현미) 벼의 껍질만 벗겨 낸 쌀.
米價(미가) 쌀값. <예> 米價가 떨어졌다.

훈 마실 음 음
부수 食

쓰임
飮食(음식) 먹고 마시는 것. 음식물.
米飮(미음) 쌀 등을 푹 끓여 체에 밭인 음식.
飮酒(음주) 술을 마심.
飮料水(음료수) 마실 수 있는 물.

✏️ 丶 丷 一 半 米 米

米	米	米	米	米	米	米
쌀 미						

✏️ ノ 𠆢 𠆢 今 今 今 飠 飠 飠 飮 飮 飮

飮	飮	飮	飮	飮	飮	飮
마실 음						

공부한 날: _____ 월 _____ 일

病

훈 병 음 병

부수 疒

쓰임
- 重病(중병) 상태가 심한 병. <예> 重病에 걸렸다.
- 病室(병실) 병자가 있는 방.
- 病者(병자) 병을 앓는 사람. 환자.
- 病名(병명) 병의 이름.

死

훈 죽을 음 사

부수 歹

쓰임
- 病死(병사) 병으로 죽음.
- 生死(생사) 삶과 죽음.
- 死力(사력) 죽을 힘. <예> 死力을 다해 싸웠다.
- 九死一生(구사일생) 고비를 겪고 살아남.

✏️ 丶 亠 广 广 疒 疒 疒 疒 病 病 病

病	病	病	病	病	病	病
병 병						

✏️ 一 ア 歹 歹 死 死

死	死	死	死	死	死	死
죽을 사						

39

4장 마무리 문제

● 다음 漢字語의 讀音을 써 보세요.

(1) 身分 (　　) (2) 生死 (　　) (3) 體重 (　　)

(4) 體育 (　　) (5) 外部 (　　) (6) 注力 (　　)

(7) 分家 (　　) (8) 大洋 (　　) (9) 洋式 (　　)

(10) 東洋 (　　) (11) 西洋 (　　) (12) 藥水 (　　)

(13) 病室 (　　) (14) 白米 (　　) (15) 意外 (　　)

(16) 病名 (　　) (17) 病色 (　　) (18) 飮食 (　　)

(19) 身長 (　　) (20) 心身 (　　) (21) 體力 (　　)

(22) 體溫 (　　) (23) 氣分 (　　) (24) 重病 (　　)

(25) 漢藥 (　　) (26) 意圖 (　　) (27) 身體 (　　)

(28) 部分 (　　) (29) 注意 (　　) (30) 洋藥 (　　)

(31) 米飮 (　　) (32) 病死 (　　) (33) 分數 (　　)

(34) 全體 (　　) (35) 全身 (　　) (36) 注文 (　　)

(37) 身土不二 (　　　　) (38) 體育大會 (　　　　)

● 다음 漢字語의 反義語(반의어)나 相對語(상대어)를 골라 그 번호를 써 보세요.

(39) 東洋(　) ① 洋式　② 西洋　③ 大洋　④ 西門

(40) 外部(　) ① 內部　② 部分　③ 中心　④ 祖國

(41) 洋藥(　) ① 重病　② 東洋　③ 洋式　④ 漢藥

(42) 部分(　) ① 立場　② 代表　③ 方式　④ 全體

4장 마무리 문제

공부한 날: _____월 _____일

● 다음 밑줄 친 낱말을 漢字로 써 보세요.

(43) 할아버지는 아프셔서 미음을 드십니다.　　　(　　　)

(44) 양약을 먹고 나자 열이 좀 내렸습니다.　　　(　　　)

(45) 병실에 있는 환자를 찾아갔습니다.　　　(　　　)

(46) 약을 먹지 말라고 주의를 주었습니다.　　　(　　　)

(47) 아이가 옆구리 부분이 아프다고 울었습니다.　　　(　　　)

(48) 심신이 피곤하여 쉬겠다고 하였습니다.　　　(　　　)

(49) 나는 우리 반에서 신장이 가장 큽니다.　　　(　　　)

(50) 밥을 잘 먹었더니 체중이 늘었습니다.　　　(　　　)

(51) 약수를 뜨러 뒷산 약수터에 올라갔습니다.　　　(　　　)

(52) 아버지는 동양화를 잘 그리십니다.　　　(　　　)

(53) 오랜만에 가족끼리 양식을 먹었습니다.　　　(　　　)

● 다음 漢字의 訓과 音을 써 보세요.

(54)	注	
(55)	體	
(56)	藥	
(57)	病	
(58)	分	
(59)	身	

(60)	飮	
(61)	部	
(62)	洋	
(63)	死	
(64)	米	
(65)	意	

4장 마무리 문제

● 다음 漢字와 音이 같은 漢字를 골라 그 번호를 써 보세요.

(66) 米 (   )   ① 美   ② 民   ③ 食   ④ 文

(67) 飮 (   )   ① 邑   ② 童   ③ 陽   ④ 音

(68) 部 (   )   ① 分   ② 夫   ③ 百   ④ 方

(69) 注 (   )   ① 住   ② 中   ③ 重   ④ 所

● 다음 漢字語의 뜻을 써 보세요.

(70) 病死:

(71) 洋藥:

(72) 體溫:

(73) 心身:

(74) 飮食:

4장 마무리 문제 정답

(1)신분	(2)생사	(3)체중	(4)체육	(5)외부
(6)주력	(7)분가	(8)대양	(9)양식	(10)동양
(11)서양	(12)약수	(13)병실	(14)백미	(15)의외
(16)병명	(17)병색	(18)음식	(19)신장	(20)심신
(21)체력	(22)체온	(23)기분	(24)중병	(25)한약
(26)의도	(27)신체	(28)부분	(29)주의	(30)양약
(31)미음	(32)병사	(33)분수	(34)전체	(35)전신
(36)주문	(37)신토불이	(38)체육대회	(39)②	(40)①
(41)④	(42)④	(43)米飮	(44)洋藥	(45)病室
(46)注意	(47)部分	(48)心身	(49)身長	(50)體重
(51)藥水	(52)東洋	(53)洋食	(54)부을 주	(55)몸 체
(56)약 약	(57)병 병	(58)나눌 분	(59)몸 신	(60)마실 음
(61)거느릴 부	(62)큰바다 양	(63)죽을 사	(64)쌀 미	(65)뜻 의
(66)①	(67)④	(68)②	(69)①	(70)병으로 죽음
(71)서양 의술의 약	(72)몸의 온도	(73)마음과 몸	(74)먹고 마시는 것	

5장

문화

5장에서 익혀요!

題 目 愛 族
新 聞 讀 書
交 感 反 省

공부한 날: _____ 월 _____ 일

훈 제목 음 제

부수 頁

題目(제목) 작품의 내용을 대표해 붙이는 이름.
主題(주제) 대화 등에서 중심이 되는 문제.
問題(문제) 답을 요구하는 물음.
文題(문제) 문장의 제목.

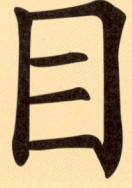

훈 눈 음 목

부수 目

目禮(목례) 눈으로 하는 인사.
面目(면목) 남을 대하는 낯. 체면.
耳目(이목) 귀와 눈. 주의나 관심.
注目(주목) 눈길을 한 곳에 모아서 봄.

✏️ 丶 冂 日 日 甲 早 早 是 是 是 是 題 題 題 題 題

題	題	題	題	題	題	題
제목 제						

✏️ 丨 冂 冂 月 目

目	目	目	目	目	目	目
눈 목						

공부한 날: _____ 월 _____ 일

愛
훈 사랑 **음** 애
부수 心

쓰임
- 愛民(애민) 백성(국민)을 사랑함.
- 愛人(애인) 사랑하는 사람.
- 愛國(애국) 나라를 사랑함.
- 愛族(애족) 겨레를 사랑함.

族
훈 겨레 **음** 족
부수 方

쓰임
- 家族(가족) 한 가정을 이루는 사람들.
- 民族(민족) 말·문화 등이 같은 사람의 집단.
- 同族(동족) 같은 겨레 또는 혈족.
- 族長(족장) 종족이나 부족의 우두머리.

✏️ ⺈ ⺊ ⺌ ⺍ ⺤ 𤴔 ⠀ 恶 愛 愛 愛 愛

愛	愛	愛	愛	愛	愛	愛
사랑 애						

✏️ ⺀ ⺁ ⺂ 方 方 方 扩 扩 族 族

族	族	族	族	族	族	族
겨레 족						

공부한 날: _____월 _____일

新

훈 새 음 신

부수 斤

쓰임
- 新年(신년) 새해.
- 新正(신정) 양력 설. 양력 1월 1일.
- 新刊(신간) 새로 나온 책.
- 新入生(신입생) 새로 입학한 학생.

聞

훈 들을 음 문

부수 耳

쓰임
- 所聞(소문) 전하여 들리는 말.
- 新聞(신문) 새 소식을 알리는 간행물.
- 後聞(후문) 뒷소문.
- 風聞(풍문) 떠도는 소문.

✏️ 丶 亠 亠 立 立 辛 辛 亲 亲 新 新 新

新	新	新	新	新	新
새 신					

✏️ 丨 丨 丨 丨 丨 門 門 門 門 門 聞 聞 聞

聞	聞	聞	聞	聞	聞
들을 문					

공부한 날: ____월 ____일

讀

- 훈 읽을 음 독
- 훈 구절 음 두

부수 言

쓰임
- 讀者(독자) 책·신문 등을 읽는 사람.
- 愛讀(애독) 책이나 신문 등을 즐겨 읽음.
- 讀書(독서) 책을 읽음.
- 讀音(독음) 글 읽는 소리. 한자의 음.

書

- 훈 글 음 서

부수 曰

쓰임
- 書記(서기) 기록을 맡아 보는 사람.
- 圖書(도서) 책. <예> 아동 圖書
- 文書(문서) 어떤 사상을 글로 나타낸 것.
- 書畫(서화) 글씨와 그림.

✏️ 丶 亠 𠫔 言 言 言 訁 訁 訁 訃 訃 諅 諅 讀 讀 讀 讀 讀

讀	讀	讀	讀	讀	讀	讀
읽을 독/구절 두						

✏️ 一 ᄀ 彐 聿 聿 書 書 書 書 書

書	書	書	書	書	書	書
글 서						

공부한 날: ____월 ____일

交

훈 사귈 음 교

부수 亠

쓰임
- **交代(교대)** 어떤 일을 여럿이 서로 번갈아 맡아 함.
- **國交(국교)** 나라와 나라 사이에 맺는 외교 관계.
- **交通(교통)** 서로 오고 가는 일.
- **交友(교우)** 벗을 사귐.

感

훈 느낄 음 감

부수 心

쓰임
- **所感(소감)** 느낀 바 생각. <예> 所感 한 마디
- **交感(교감)** 서로 접촉하여 느끼어 응함.
- **同感(동감)** 어떤 의견에 같은 생각을 가짐.
- **感動(감동)** 깊이 느껴 마음이 움직임.

✏️ 丶 一 亠 六 交 交

交	交	交	交	交	交	交
사귈 교						

✏️ 丿 厂 厂 厂 戶 戶 咸 咸 咸 咸 感 感 感

感	感	感	感	感	感	感
느낄 감						

공부한 날: _____월 _____일

反
훈 돌이킬 **음** 반
부수 又

쓰임
- 反面(반면) 반대 방면. 다른 방면.
- 反感(반감) 반발하는 마음.
- 反對(반대) 두 사물의 내용이나 방향이 다름.
- 反復(반복) 같은 일을 되풀이함.

省
훈 살필 **음** 성
훈 덜 **음** 생
부수 目

쓰임
- 反省(반성) 자기가 한 일을 돌이켜 살핌.
- 自省(자성) 스스로 반성함.
- 省察(성찰) 깊이 생각함.
- 省略(생략) 덜어서 줄임. <예> 이하 省略

✏️ 一 厂 反 反

反	反	反	反	反	反	反
돌이킬 반						

✏️ 丶 丷 小 少 少 省 省 省 省

省	省	省	省	省	省	省
살필 성/덜 생						

5장 마무리 문제

●다음 漢字語의 讀音을 써 보세요.

(1) 愛校 (　　　)　　(2) 新車 (　　　)

(3) 民族 (　　　)　　(4) 國交 (　　　)

(5) 愛民 (　　　)　　(6) 同族 (　　　)

(7) 同感 (　　　)　　(8) 文書 (　　　)

(9) 醫書 (　　　)　　(10) 目禮 (　　　)

(11) 目前 (　　　)　　(12) 新人 (　　　)

(13) 題目 (　　　)　　(14) 讀書 (　　　)

(15) 愛族 (　　　)　　(16) 新聞 (　　　)

(17) 反省 (　　　)　　(18) 交感 (　　　)

(19) 問題 (　　　)　　(20) 科目 (　　　)

(21) 愛國 (　　　)　　(22) 愛人 (　　　)

(23) 家族 (　　　)　　(24) 民族 (　　　)

(25) 新年 (　　　)　　(26) 所聞 (　　　)

(27) 書記 (　　　)　　(28) 圖書 (　　　)

(29) 所感 (　　　)　　(30) 交代 (　　　)

(31) 反感 (　　　)　　(32) 愛讀 (　　　)

(33) 新正 (　　　)　　(34) 新入生 (　　　)

(35) 讀後感 (　　　)　　(36) 反省文 (　　　)

(37) 愛國心 (　　　　　)　　(38) 愛國歌 (　　　　　)

(39) 愛國愛族 (　　　　　)

5장 마무리 문제

공부한 날: _____ 월 _____ 일

● 다음 漢字의 訓과 音을 써 보세요.

(40)	書	
(41)	目	
(42)	感	
(43)	省	
(44)	題	
(45)	新	

(46)	反	
(47)	愛	
(48)	交	
(49)	聞	
(50)	族	
(51)	讀	

● 다음 밑줄 친 낱말을 漢字로 써 보세요.

(52) 나는 독서를 무척 좋아합니다. (　　　)

(53) 아버지는 신문을 즐겨 보십니다. (　　　)

(54) '가을'이란 제목으로 시를 썼습니다. (　　　)

(55) 도서 전시회 구경을 하였습니다. (　　　)

(56) 할아버지는 집 문서를 살폈습니다. (　　　)

(57) 내 차례가 되어 교대하였습니다. (　　　)

(58) 죄인은 잘못을 깊이 반성하였습니다. (　　　)

(59) 애국 애족하는 일은 중요합니다. (　　　)

(60) 소문을 듣고 사람들이 몰려왔습니다. (　　　)

(61) 우리 가족은 외식을 하였습니다. (　　　)

(62) 이번 시험 문제는 어려웠습니다. (　　　)

5장 마무리 문제

공부한 날: ____월 ____일

● 다음 漢字語와 합쳐져 낱말이 되기에 가장 알맞은 것의 번호를 써 보세요.

(63) 讀書 (   )   ① 注意   ② 運動   ③ 會社   ④ 淸明
(64) 新聞 (   )   ① 愛讀   ② 禮式   ③ 同感   ④ 安全
(65) 愛國 (   )   ① 讀書   ② 成功   ③ 幸運   ④ 愛族
(66) 部族 (   )   ① 題目   ② 國家   ③ 重病   ④ 愛人
(67) 反省 (   )   ① 時間   ② 安全   ③ 讀書   ④ 美術
(68) 問題 (   )   ① 交感   ② 淸明   ③ 正答   ④ 文字
(69) 圖書 (   )   ① 面目   ② 新人   ③ 所聞   ④ 題目

5장 마무리 문제 정답

(1)애교 (2)신차 (3)민족 (4)국교 (5)애민
(6)동족 (7)동감 (8)문서 (9)의서 (10)목례
(11)목전 (12)신인 (13)제목 (14)독서 (15)애족
(16)신문 (17)반성 (18)교감 (19)문제 (20)과목
(21)애국 (22)애인 (23)가족 (24)민족 (25)신년
(26)소문 (27)서기 (28)도서 (29)소감 (30)교대
(31)반감 (32)애독 (33)신정 (34)신입생 (35)독후감
(36)반성문 (37)애국심 (38)애국가 (39)애국애족 (40)글 서
(41)눈 목 (42)느낄 감 (43)살필 성/덜 생 (44)제목 제 (45)새 신
(46)돌이킬 반 (47)사랑 애 (48)사귈 교 (49)들을 문 (50)겨레 족
(51)읽을 독/구절 두 (52)讀書 (53)新聞 (54)題目 (55)圖書
(56)文書 (57)交代 (58)反省 (59)愛族 (60)所聞
(61)家族 (62)問題 (63)② (64)① (65)④
(66)② (67)① (68)③ (69)④

6장

공사

6장에서 익혀요!

線 路 作 業
急 速 開 始
通 行 綠 樹

공부한 날: _____월 _____일

線

훈 줄 **음** 선

부수 糸

쓰임
- **直線(직선)** 곧은 선.
- **電線(전선)** 전깃줄. <예> 電線에 앉은 참새
- **水平線(수평선)** 물과 하늘이 맞닿아 경계를 이루는 선.

路

훈 길 **음** 로(노)

부수 足

쓰임
- **道路(도로)** 비교적 넓은 길. <예> 고속 道路
- **線路(선로)** 열차나 전차가 다니는 레일 길.
- **通路(통로)** 통하여 다니는 길.
- **路上(노상)** 길거리나 길의 위. 길바닥.

✏ ㄴ ㄠ 幺 幺 糸 糸 紀 紀 紀 紀 綧 綧 線 線

線 線 線 線 線 線 線

줄 선

✏ ㄱ ㅁ ㅁ ㅁ ㅁ ㅁ 낌 足 趴 政 政 路 路

路 路 路 路 路 路 路

길 로(노)

공부한 날: _____ 월 _____ 일

作

훈 지을 **음** 작

부수 人(亻)

쓰임
- **作家(작가)** 시·소설·회화 등을 만드는 사람.
- **大作(대작)** 큰 작품. 잘된 작품.
- **名作(명작)** 유명한 작품. 훌륭한 작품.
- **合作(합작)** 힘을 합하여 만듦.

業

훈 업 **음** 업

부수 木

쓰임
- **事業(사업)** 주로 생산과 영리를 목적으로 하는 경제 활동.
- **休業(휴업)** 일을 쉼. <예> 임시 休業
- **作業(작업)** 일터에서 기구를 갖고 일함.

✏ 丿 亻 亻 亻 竹 作 作

作	作	作	作	作	作	作
지을 작						

✏ 丶 丷 丷 业 业 业 业 业 丵 圭 丵 業 業

業	業	業	業	業	業
업 업					

6급

공부한 날: _____월 _____일

훈 급할 음 급
부수 心

쓰임
急行(급행) 빨리 감. <예> 急行 열차
急死(급사) 갑자기 죽음.
急所(급소) 사물의 가장 중요한 곳.
急速(급속) 몹시 급함. 몹시 빠름.

훈 빠를 음 속
부수 辵(辶)

쓰임
速度(속도) 빠른 정도. <예> 速度 위반
速力(속력) 빠른 힘. 빠르기.
速讀(속독) 빨리 읽음.
時速(시속) 1시간을 단위로 하여 잰 속도.

✏ ノ ク 匁 刍 刍 急 急 急

急	急	急	急	急	急	急
급할 급						

✏ 一 ㄱ 日 日 market 束 束 `束 涑 涑 速

速	速	速	速	速	速	速
빠를 속						

공부한 날: _____ 월 _____ 일

훈 열 음 개

부수 門

훈 비로소 음 시

부수 女

쓰임
- 開業(개업) 영업을 시작함. ↔ 閉業(폐업)
- 開校(개교) 학교를 새로 세워 엶.
- 開場(개장) 일정한 장소를 엶.
- 公開(공개) 여러 사람에게 개방함.

쓰임
- 始作(시작) 처음으로 함.
- 始祖(시조) 한 겨레의 맨 처음 되는 조상.
- 開始(개시) 처음으로 시작함.
- 始動(시동) 움직이기 시작함.

✏️ 丨 冂 冂 冃 冃 門 門 門 門 開 開

開	開	開	開	開	開	開
열 개						

✏️ 乚 乆 女 女 女 女 始 始

始	始	始	始	始	始	始
비로소 시						

공부한 날: _____월 _____일

通
훈 통할 **음** 통
부수 辵(辶)

- **開通(개통)** 도로나 전화 등이 완성되어 통함.
- **通話(통화)** 전화로 말을 서로 주고받음.
- **通風(통풍)** 바람이 통하게 함.
- **通行(통행)** 길로 통하여 다님.

行
훈 다닐 **음** 행
부수 行

- **行動(행동)** 사람이 다니고 움직이는 것.
- **行事(행사)** 어떤 일을 행함. 또는 그 일.
- **行人(행인)** 길 가는 사람.
- **同行(동행)** 길을 같이 감.

✏️ ㄱ ㄱ ㅈ 乃 乃 甬 甬 ˋ甬 涌 涌 通

通	通	通	通	通	通	通
통할 통						

✏️ ㅣ ㅑ 彳 彳 行 行

行	行	行	行	行	行	行
다닐 행						

공부한 날: ____월 ____일

綠
훈 푸를 **음** 록(녹)
부수 糸

쓰임
- **綠色(녹색)** 초록 빛깔.
- **綠水(녹수)** 푸른 빛이 나는 깊은 물.
- **綠地(녹지)** 초목이 무성한 땅.
- **新綠(신록)** 초여름에 새로 나온 잎의 푸른빛.

樹
훈 나무 **음** 수
부수 木

쓰임
- **植樹(식수)** 나무를 심음.
- **樹木(수목)** 살아 있는 나무. 목본 식물.
- **樹立(수립)** 사업이나 공적을 이룩하여 세움.
- **樹上(수상)** 나무의 위. <예> 樹上 가옥

✏️ 乚 幺 幺 纟 纟 糸 紅 紀 紀 紵 紵 絽 綠 綠

綠	綠	綠	綠	綠	綠	綠
푸를 록(녹)						

✏️ 一 十 才 木 木 杧 栏 梣 梣 桔 桔 樹 樹 樹 樹

樹	樹	樹	樹	樹	樹	樹
나무 수						

6장 마무리 문제

공부한 날: _____월 _____일

● 다음 漢字와 音이 같은 漢字를 모두 골라 그 번호를 써 보세요.
▶ 정답이 두 개인 것도 있음.

(1) 路 (　　) ① 道　② 綠　③ 事　④ 老

(2) 線 (　　) ① 雪　② 姓　③ 先　④ 成

(3) 樹 (　　) ① 數　② 少　③ 時　④ 手

(4) 始 (　　) ① 市　② 水　③ 新　④ 時

● 다음 漢字語의 讀音을 써 보세요.

(5) 名作 (　　) (6) 電線 (　　) (7) 行事 (　　)

(8) 直線 (　　) (9) 線路 (　　) (10) 開校 (　　)

(11) 急死 (　　) (12) 力作 (　　) (13) 事業 (　　)

(14) 農業 (　　) (15) 作業 (　　) (16) 通行 (　　)

(17) 急行 (　　) (18) 速力 (　　) (19) 速度 (　　)

(20) 開通 (　　) (21) 開業 (　　) (22) 始作 (　　)

(23) 始祖 (　　) (24) 通話 (　　) (25) 行動 (　　)

(26) 綠色 (　　) (27) 樹立 (　　) (28) 植樹 (　　)

(29) 行人 (　　) (30) 通路 (　　) (31) 作成 (　　)

(32) 開場 (　　) (33) 公開 (　　) (34) 行軍 (　　)

(35) 開始 (　　) (36) 作家 (　　) (37) 道路 (　　)

(38) 行先地 (　　)　　　　(39) 農作物 (　　)

6장 마무리 문제

공부한 날: _____ 월 _____ 일

● 다음 漢字의 訓과 音을 써 보세요.

(40)	樹	
(41)	急	
(42)	綠	
(43)	線	
(44)	行	
(45)	速	

(46)	通	
(47)	路	
(48)	始	
(49)	作	
(50)	業	
(51)	開	

● 다음 밑줄 친 낱말을 漢字로 써 보세요.

(52) 통로가 좁아서 행인들이 불편합니다. (   )

(53) 식목일은 식수하는 날입니다. (   )

(54) 선로 위로 전차가 다닙니다. (   )

(55) 집 앞에 음식점이 개업하였습니다. (   )

(56) 우리는 급행 열차를 탔습니다. (   )

(57) 자동차 속도가 너무 빠릅니다. (   )

(58) 노인은 교통사고로 급사하였습니다. (   )

(59) 돌이 많아서 작업하기 힘듭니다. (   )

(60) 햇빛에 반짝이는 녹색 잎이 아름답습니다. (   )

(61) 방학이 시작되는 날이 언제입니까? (   )

(62) 스케이트장은 언제 개장합니까? (   )

(63) 문서를 빨리 작성하여라. (   )

6장 마무리 문제

공부한 날: _____월 _____일

● 다음 漢字語와 합쳐져 낱말이 되기에 알맞은 것을 찾아 그 번호를 써 보세요.

(64) 禮式 (   )   ① 注意   ② 始作   ③ 反省   ④ 通行

(65) 名作 (   )   ① 開始   ② 開業   ③ 通路   ④ 童話

(66) 作業 (   )   ① 開始   ② 代表   ③ 淸明   ④ 神童

(67) 線路 (   )   ① 成功   ② 開通   ③ 活動   ④ 愛族

(68) 行人 (   )   ① 孝道   ② 問答   ③ 溫度   ④ 不便

(69) 自動車 (   )   ① 工事   ② 車線   ③ 幸運   ④ 題目

● 다음 漢字語의 뜻을 써 보세요.

(70) 開始:

(71) 通行:

6장 마무리 문제 정답

(1)④ (2)③ (3)①, ④ (4)①, ④ (5)명작
(6)전선 (7)행사 (8)직선 (9)선로 (10)개교
(11)급사 (12)역작 (13)사업 (14)농업 (15)작업
(16)통행 (17)급행 (18)속력 (19)속도 (20)개통
(21)개업 (22)시작 (23)시조 (24)통화 (25)행동
(26)녹색 (27)수립 (28)식수 (29)행인 (30)통로
(31)작성 (32)개장 (33)공개 (34)행군 (35)개시
(36)작가 (37)도로 (38)행선지 (39)농작물 (40)나무 수
(41)급할 급 (42)푸를 록(녹) (43)줄 선 (44)다닐 행 (45)빠를 속
(46)통할 통 (47)길 로(노) (48)비로소 시 (49)지을 작 (50)업 업
(51)열 개 (52)行人 (53)植樹 (54)線路 (55)開業
(56)急行 (57)速度 (58)急死 (59)作業 (60)綠色
(61)始作 (62)開場 (63)作成 (64)② (65)④
(66)① (67)② (68)④ (69)② (70)처음으로 시작함
(71)길로 통하여 다님

7장

화합

7장에서 익혀요!

和合 信用
根本 理由
苦言 特待

공부한 날: ____월 ____일

和
훈 화목할 **음** 화
부수 口

쓰임
- 平和(평화) 전쟁이 없이 평온하고 화목함.
- 和合(화합) 화목하게 어울림. ↔ 不和(불화)
- 和氣(화기) 화목한 분위기.
- 和音(화음) 둘 이상의 소리가 어울려 나는 소리.

合
훈 합할 **음** 합
부수 口

쓰임
- 合力(합력) 힘을 한데 모음.
- 合同(합동) 둘 이상이 행동이나 일을 함께함.
- 合心(합심) 여럿이 마음을 합침.
- 合算(합산) 합하여 계산함.

✏ ノ 二 千 禾 禾 和 和

和	和	和	和	和	和	和
화목할 화						

✏ ノ 人 人 今 合 合

合	合	合	合	合	合	合
합할 합						

공부한 날: _____월 _____일

信

훈 믿을 **음** 신

부수 人(亻)

쓰임
- 自信(자신) 자기의 가치나 능력을 굳게 믿음.
- 信用(신용) 믿고 의심하지 않음. 믿고 씀.
- 書信(서신) 안부, 소식 등을 적어 보내는 글.
- 所信(소신) 자기가 확실하다고 굳게 믿는 바.

用

훈 쓸 **음** 용

부수 用

쓰임
- 有用(유용) 쓰일 데가 있음.
- 所用(소용) 쓸 데. 쓰이는 바.
- 使用(사용) 물건을 쓰거나 사람을 부림.
- 用紙(용지) 어떤 일에 쓰이는 종이.

✏️ 丿 亻 亻 亻 仁 乍 乍 信 信

信	信	信	信	信	信	信
믿을 신						

✏️ 丿 凢 月 月 用

用	用	用	用	用	用	用
쓸 용						

공부한 날: _____ 월 _____ 일

根
훈 뿌리 음 근
부수 木

草根(초근) 풀의 뿌리.
　　　　<예> 草根木皮(초근목피)
根本(근본) 사물의 본질이나 본바탕.
根源(근원) 사물이 비롯되는 근본이나 원인.

本
훈 근본 음 본
부수 木

本部(본부) 어떤 기관이나 단체의 중심이 있는 곳.
本國(본국) 자기의 국적이 있는 나라.
本心(본심) 본디의 마음.
本來(본래) 본디. <예> 本來 착하다.

✏ 一 十 才 木 朳 札 杞 桿 根 根

根	根	根	根	根	根	根
뿌리 근						

✏ 一 十 才 木 本

本	本	本	本	本	本	本
근본 본						

공부한 날: _____ 월 _____ 일

훈 다스릴 음 리(이)
부수 玉(王)

훈 말미암을 음 유
부수 田

쓰임
道理(도리) 사람이 지켜야 할 바른 길.
理科(이과) 자연계의 사물 및 현상을 연구하는 학과. ↔ 文科(문과)
事理(사리) 일의 이치.

쓰임
自由(자유) 자기 마음대로 할 수 있는 상태.
理由(이유) 까닭. <예> 지각한 理由가 뭐야?
事由(사유) 일의 까닭.
由來(유래) 사물이나 일이 생겨난 바.

✏️ 一 二 千 王 王 理 理 理 理 理 理

理	理	理	理	理	理	理
다스릴 리(이)						

✏️ 丨 冂 冂 由 由

由	由	由	由	由	由	由
말미암을 유						

67

공부한 날: _____월 _____일

苦

훈 쓸 **음** 고

부수 艹(艹)

쓰임
- 苦樂(고락) 괴로움과 즐거움.
- 苦生(고생) 어렵고 괴로운 생활.
- 苦心(고심) 마음과 힘을 다해 애씀.
- 病苦(병고) 병으로 인한 고통.

言

훈 말씀 **음** 언

부수 言

쓰임
- 言語(언어) 말.
- 苦言(고언) 듣기에는 거슬리나 도움이 되는 말.
- 言文(언문) 말과 글.
- 言行(언행) 말과 행동.

✏️ 一 十 卄 艹 䒑 芢 苦 苦

苦	苦	苦	苦	苦	苦	苦
쓸 고						

✏️ 丶 亠 一 亖 言 言 言

言	言	言	言	言	言	言
말씀 언						

공부한 날: _____월 _____일

特
훈 특별할 **음** 특
부수 牛

쓰임
- 特色(특색) 보통과 다른 점. 가장 뛰어난 점.
- 特別(특별) 보통과 구별되게 다름.
- 特命(특명) 특별한 명령.
- 特待(특대) 특별한 대우.

待
훈 기다릴 **음** 대
부수 彳

쓰임
- 苦待(고대) 몹시 기다림.
- 待接(대접) 음식을 차려 손님을 모심.
- 待合室(대합실) 역이나 병원 등에 손님이 기다리도록 마련한 곳.

✏️ ' ㅗ 屮 牛 牜 牪 特 特 特

特 / 특별할 특

✏️ ' ㄅ 彳 彳 衤 ?⼻ ?⼻ 待 待

待 / 기다릴 대

7장 마무리 문제

● 다음 漢字語의 讀音을 써 보세요.

(1) 苦待 (　　)　　(2) 活用 (　　)　　(3) 平和 (　　)

(4) 合同 (　　)　　(5) 合力 (　　)　　(6) 自信 (　　)

(7) 食用 (　　)　　(8) 重用 (　　)　　(9) 草根 (　　)

(10) 書信 (　　)　　(11) 本社 (　　)　　(12) 本心 (　　)

(13) 本國 (　　)　　(14) 理科 (　　)　　(15) 由來 (　　)

(16) 苦生 (　　)　　(17) 合作 (　　)　　(18) 言語 (　　)

(19) 交通 (　　)　　(20) 金言 (　　)　　(21) 名言 (　　)

(22) 特色 (　　)　　(23) 特命 (　　)　　(24) 待人 (　　)

(25) 和合 (　　)　　(26) 信用 (　　)　　(27) 根本 (　　)

(28) 理由 (　　)　　(29) 苦言 (　　)　　(30) 特待 (　　)

(31) 自由 (　　)　　(32) 道理 (　　)　　(33) 合心 (　　)

(34) 待合室 (　　)　　(35) 物理學 (　　)　　(36) 日本語 (　　)

(37) 自由國家 (　　)　　　　(38) 理由不明 (　　)

(39) 平和運動 (　　)　　　　(40) 信用社會 (　　)

(41) 根本問題 (　　)　　　　(42) 理科大學 (　　)

(43) 合同體育 (　　)

7장 마무리 문제

●다음 漢字의 訓과 音을 써 보세요.

(44)	苦	
(45)	待	
(46)	信	
(47)	和	
(48)	特	
(49)	言	

(50)	理	
(51)	本	
(52)	合	
(53)	用	
(54)	根	
(55)	由	

●다음 밑줄 친 낱말을 漢字로 써 보세요.

(56) 요즘은 현금보다 신용 카드를 많이 씁니다. (　　　)

(57) 서로 싸운 이유를 말하였습니다. (　　　)

(58) 가정 불화로 시끄러운 집입니다. (　　　)

(59) 아버지는 이번에 본사로 옮겼습니다. (　　　)

(60) 외삼촌은 고생을 많이 하였습니다. (　　　)

(61) 언어는 바르게 사용해야 합니다. (　　　)

(62) 작품은 자신만의 특색을 살려야 합니다. (　　　)

(63) 우리는 대합실에서 기다렸습니다. (　　　)

(64) 소풍 가는 날을 고대하였습니다. (　　　)

(65) 우리나라는 자유 국가입니다. (　　　)

7장 마무리 문제

공부한 날: _____월 _____일

● 다음 ( ) 안에 알맞은 漢字를 골라 그 번호를 써 보세요.

(66) 家庭不( )　　　　　① 用　② 特　③ 和

(67) 同( )同樂　　　　　① 美　② 苦　③ 言

(68) 根本理( )　　　　　① 由　② 言　③ 合

● 다음 漢字語의 뜻을 써 보세요.

(69) 理由 :

(70) 苦言 :

(71) 特待 :

(72) 不和 :

7장 마무리 문제 정답

(1)고대　　(2)활용　　(3)평화　　(4)합동　　(5)합력
(6)자신　　(7)식용　　(8)중용　　(9)초근　　(10)서신
(11)본사　　(12)본심　　(13)본국　　(14)이과　　(15)유래
(16)고생　　(17)합작　　(18)언어　　(19)교통　　(20)금언
(21)명언　　(22)특색　　(23)특명　　(24)대인　　(25)화합
(26)신용　　(27)근본　　(28)이유　　(29)고언　　(30)특대
(31)자유　　(32)도리　　(33)합심　　(34)대합실　　(35)물리학
(36)일본어　　(37)자유국가　　(38)이유불명　　(39)평화운동　　(40)신용사회
(41)근본문제　　(42)이과대학　　(43)합동체육　　(44)쓸 고　　(45)기다릴 대
(46)믿을 신　　(47)화목할 화　　(48)특별할 특　　(49)말씀 언　　(50)다스릴 리(이)
(51)근본 본　　(52)합할 합　　(53)쓸 용　　(54)뿌리 근　　(55)말미암을 유
(56)信用　　(57)理由　　(58)不和　　(59)本社　　(60)苦生
(61)言語　　(62)特色　　(63)待合室　　(64)苦待　　(65)自由
(66)③　　(67)②　　(68)①　　(69)까닭
(70)듣기에는 거슬리나 도움이 되는 말　　(71)특별한 대우　　(72)서로 화합하지 못함

8장

전쟁

8장에서 익혀요!

戰 果 勝 利
發 光 消 失
使 者 訓 放

공부한 날: ____월 ____일

戰

훈 싸움 **음** 전

부수 戈

- **戰死**(전사) 전쟁에서 싸우다가 죽음.
- **戰術**(전술) 전쟁의 방법. 투쟁 방법.
- **戰爭**(전쟁) 나라와 나라끼리 무력으로 싸움.
- **海戰**(해전) 바다에서 벌이는 싸움.

果

훈 실과 **음** 과

부수 木

- **戰果**(전과) 전쟁의 결과. 전쟁의 성과.
- **結果**(결과) 어떤 원인으로 생긴 결말의 상태.
- **果然**(과연) 들은 바와 같이. 정말로.
- **果木**(과목) 과일이 열리는 나무(=果樹).

✏️ 丶 丨 冂 口 吅 吅 吅 單 單 單 單 單 戰 戰 戰

戰	戰	戰	戰	戰	戰	戰
싸움 전						

✏️ 丨 冂 曰 日 旦 甲 旱 果

果	果	果	果	果	果	果
실과 과						

공부한 날: _____월 _____일

勝
훈 이길 **음** 승
부수 力

쓰임
- 勝利(승리) 겨루어 이김.
- 勝者(승자) 겨루어 이긴 자. ↔ 敗者(패자)
- 勝戰(승전) 싸움에 이김.
- 名勝(명승) 이름난 경치. <예> 名勝 고적

利
훈 이로울 **음** 리(이)
부수 刀(刂)

쓰임
- 便利(편리) 편하고 쉬움. ↔ 不便(불편)
- 有利(유리) 이로움이 있음. ↔ 不利(불리)
- 利用(이용) 이롭게 씀.
- 利子(이자) 돈을 빌려 쓴 대가로 주는 돈.

✏️ 丿 刀 月 月 月 月⺀ 脬 脬 脒 脒 勝 勝

勝	勝	勝	勝	勝	勝	勝
이길 **승**						

✏️ 丿 二 千 禾 禾 利 利

利	利	利	利	利	利	利
이로울 **리(이)**						

發 훈 필/쏠 음 발
부수 癶

光 훈 빛 음 광
부수 儿

쓰임
出發(출발) 길을 떠남. 일을 시작해 나감.
發表(발표) 널리 드러내어 세상에 알림.
發明(발명) 새 것을 생각하거나 만들어 냄.
發生(발생) 어떤 일이나 사물이 생겨남.

쓰임
光線(광선) 빛의 줄기.
光明(광명) 밝고 환함. 앞날의 밝은 희망.
光年(광년) 천체 간의 거리를 나타내는 단위.
日光(일광) 햇빛.

✏️ 丿 コ ヺ ヺ 癶 癶 癶 祭 癶 発 發 發

發	發	發	發	發	發	發
필/쏠 발						

✏️ 丨 丨 丬 业 屶 光

光	光	光	光	光	光	光
빛 광						

공부한 날: ____월 ____일

消
훈 사라질 **음** 소
부수 水(氵)

쓰임
- 消失(소실) 사라져 없어짐.
- 消火(소화) 불을 끔. 화재를 진압함.
- 消風(소풍) 휴식을 취하기 위하여 야외에 갔다 오는 일.

失
훈 잃을 **음** 실
부수 大

쓰임
- 失足(실족) 발을 잘못 디딤.
- 失手(실수) 잘못해서 일을 그르침.
- 失業(실업) 일자리를 잃음.
- 失禮(실례) 언행이 예의에 어긋남.

✏️ 丶 冫 氵 氵 氵 氵 沪 沪 消 消 消

消	消	消	消	消	消	消
사라질 소						

✏️ 丿 𠂉 午 失 失

失	失	失	失	失	失	失
잃을 실						

공부한 날: _____월 _____일

使
훈 부릴 **음** 사

부수 人(亻)

쓰임
- **使命(사명)** 당연히 해야 할 주어진 일.
- **特使(특사)** 특별 임무를 띠고 파견된 사람.
- **大使(대사)** 외교 사절의 최고 직급.
- **天使(천사)** 천국 심부름꾼.

者
훈 놈 **음** 자

부수 老(耂)

쓰임
- **使者(사자)** 명령을 받고 심부름하는 사람.
- **信者(신자)** 종교를 믿는 사람.
- **前者(전자)** 어떤 것의 앞의 것.
- **學者(학자)** 학문을 연구하는 사람.

✏️ ノ 亻 亻 亻 伊 伊 使 使

使	使	使	使	使	使	使
부릴 사						

✏️ 一 十 土 耂 耂 耂 者 者 者

者	者	者	者	者	者	者
놈 자						

공부한 날: _____월 _____일

訓
훈 가르칠 **음** 훈
부수 言

쓰임
訓放(훈방) 경범자를 훈계하여 놓아 줌.
訓話(훈화) 교훈이 되는 말.
　　　<예> 교장 선생님의 訓話
家訓(가훈) 한 집안의 실천 기준이 되는 가르침.

放
훈 놓을 **음** 방
부수 攴(攵)

쓰임
放學(방학) 일정 기간 수업을 쉬는 일.
放心(방심) 마음을 다잡지 않고 놓아 버림.
放火(방화) 일부러 불을 지름.
解放(해방) 구속에서 벗어나 자유롭게 함.

✏️ 丶 亠 言 言 言 言 訓 訓 訓

訓	訓	訓	訓	訓	訓	訓
가르칠 훈						

✏️ 丶 亠 亍 方 方 放 放 放

放	放	放	放	放	放	放
놓을 방						

8장 마무리 문제

공부한 날: ____월 ____일

● 다음 漢字語의 讀音을 써 보세요.

(1) 戰時 (   )   (2) 戰術 (   )   (3) 成果 (   )

(4) 果然 (   )   (5) 戰死 (   )   (6) 勝者 (   )

(7) 勝戰 (   )   (8) 便利 (   )   (9) 有利 (   )

(10) 不利 (   )   (11) 利用 (   )   (12) 出發 (   )

(13) 發車 (   )   (14) 發電 (   )   (15) 發明 (   )

(16) 發生 (   )   (17) 發動 (   )   (18) 開發 (   )

(19) 發言 (   )   (20) 光明 (   )   (21) 光線 (   )

(22) 日光 (   )   (23) 月光 (   )   (24) 消風 (   )

(25) 消火 (   )   (26) 失明 (   )   (27) 失手 (   )

(28) 失禮 (   )   (29) 失言 (   )   (30) 使用 (   )

(31) 使命 (   )   (32) 使者 (   )   (33) 訓話 (   )

(34) 敎訓 (   )   (35) 家訓 (   )   (36) 放學 (   )

(37) 訓放 (   )   (38) 交戰 (   )   (39) 果樹 (   )

(40) 戰果 (   )   (41) 勝利 (   )   (42) 發光 (   )

(43) 消失 (   )   (44) 放心 (   )   (45) 發表 (   )

(46) 出戰 (   )   (47) 勝算 (   )

(48) 名勝地 (   )   (49) 不戰勝 (   )

(50) 訓民正音 (   )

8장 마무리 문제

공부한 날: _____월 _____일

● 다음 밑줄 친 낱말을 漢字로 써 보세요.

(51) 이번 전투의 <u>전과</u>는 어떠합니까? (   )

(52) 커튼으로 <u>광선</u>을 가려 주세요. (   )

(53) 기차 <u>출발</u> 시간이 다가왔습니다. (   )

(54) 배구는 우리 팀이 <u>승리</u>하였습니다. (   )

(55) 우리는 남천으로 <u>소풍</u>을 갔습니다. (   )

(56) 그런 중요한 자리에서 <u>실수</u>를 하다니! (   )

(57) 대통령의 <u>특사</u>가 미국으로 갔습니다. (   )

(58) <u>승자</u>가 되니 기분이 좋았습니다. (   )

(59) 새로운 무기를 <u>개발</u>하고 있습니다. (   )

(60) 지난주에 본 시험 결과를 <u>발표</u>하였습니다. (   )

(61) 공원에서 <u>일광</u>욕을 즐겼습니다. (   )

(62) 교장 선생님의 <u>훈화</u>를 들었습니다. (   )

● 다음 漢字의 訓과 音을 써 보세요.

(63)	放	
(64)	戰	
(65)	訓	
(66)	勝	
(67)	光	
(68)	使	

(69)	果	
(70)	消	
(71)	發	
(72)	利	
(73)	者	
(74)	失	

8장 마무리 문제

공부한 날: _____ 월 _____ 일

● 다음 漢字語와 합쳐져 낱말이 되기에 가장 알맞은 것의 번호를 써 보세요.

(75) 戰果 (   )　① 消失　② 發表　③ 發光　④ 訓放

(76) 使用 (   )　① 注意　② 音樂　③ 根本　④ 身體

(77) 光明 (   )　① 苦言　② 便利　③ 天地　④ 交感

(78) 利用 (   )　① 便利　② 溫度　③ 急速　④ 有心

(79) 放學 (   )　① 信用　② 生活　③ 安全　④ 禮式

(80) (   ) 發電　① 作業　② 通行　③ 水力　④ 風雪

(81) 太陽 (   )　① 光線　② 消失　③ 勝利　④ 工場

• 8장 마무리 문제 정답

(1)전시	(2)전술	(3)성과	(4)과연	(5)전사
(6)승자	(7)승전	(8)편리	(9)유리	(10)불리
(11)이용	(12)출발	(13)발차	(14)발전	(15)발명
(16)발생	(17)발동	(18)개발	(19)발언	(20)광명
(21)광선	(22)일광	(23)월광	(24)소풍	(25)소화
(26)실명	(27)실수	(28)실례	(29)실언	(30)사용
(31)사명	(32)사자	(33)훈화	(34)교훈	(35)가훈
(36)방학	(37)훈방	(38)교전	(39)과수	(40)전과
(41)승리	(42)발광	(43)소실	(44)방심	(45)발표
(46)출전	(47)승산	(48)명승지	(49)부전승	(50)훈민정음
(51)戰果	(52)光線	(53)出發	(54)勝利	(55)消風
(56)失手	(57)特使	(58)勝者	(59)開發	(60)發表
(61)日光	(62)訓話	(63)놓을 방	(64)싸움 전	(65)가르칠 훈
(66)이길 승	(67)빛 광	(68)부릴 사	(69)실과 과	(70)사라질 소
(71)필/쏠 발	(72)이로울 리(이)	(73)놈 자	(74)잃을 실	(75)②
(76)①	(77)③	(78)①	(79)②	(80)③ (81)①

9장

교실

9장에서 익혀요!

各 班 番 號
多 席 區 別
高 級 對 等

공부한 날: _____월 _____일

各 훈 각각 음 각
부수 口

各界(각계) 사회의 각 방면.
各自(각자) 각각의 자신. 제각기.
各國(각국) 각 나라.
各部(각부) 각 부분. 각각의 부서.

班 훈 나눌 음 반
부수 玉(王)

班長(반장) 한 반을 대표하는 학생.
班名(반명) 반의 이름.
班班(반반) 각 반.
文班(문반) 문관. ↔ 武班(무반)

✏️ ノ ク 夂 冬 各 各

各	各	各	各	各	各	各
각각 **각**						

✏️ 一 二 干 王 玉 到 玗 玨 班 班

班	班	班	班	班	班	班
나눌 **반**						

공부한 날: _____월 _____일

番
훈 차례 **음** 번
부수 田

쓰임
番地(번지) 땅이나 주택에 매긴 번호.
當番(당번) 어떤 일을 돌보는 차례가 됨.
　　　　<예> 청소 當番
每番(매번) 번번이.

號
훈 이름 **음** 호
부수 虍

쓰임
番號(번호) 차례를 나타내는 호수.
　　　　<예> 주민 등록 番號
號令(호령) 큰 소리로 꾸짖음.
信號(신호) 부호를 써서 의사를 통하는 방법.

✏ ノ ⺥ ⺩ 亚 平 乎 采 采 番 番 番 番

番	番	番	番	番	番
차례 **번**					

✏ ｜ 口 口 므 号 号' 号⺈ 号⺊ 号⺊ 号⺊ 號 號 號

號	號	號	號	號	號
이름 **호**					

多

훈 많을 **음** 다

부수 夕

쓰임
- **多數(다수)** 많은 수효. <예> 多數의 적군
- **多感(다감)** 감정이나 감수성이 풍부함.
- **多事(다사)** 일이 많음. 바쁨.
- **多少(다소)** 많고 적음.

席

훈 자리 **음** 석

부수 巾

쓰임
- **上席(상석)** 일터·계급·모임에서의 윗자리.
- **出席(출석)** 수업이나 모임에 나감.
- **空席(공석)** 빈 좌석. 비어 있는 지위.
- **坐席(좌석)** 앉는 자리(=座席).

✎ ノ ク 夕 夕 多 多

多	多	多	多	多	多	多
많을 다						

✎ ` 亠 广 广 广 庐 庐 庐 席 席

席	席	席	席	席	席	席
자리 석						

공부한 날: ____월 ____일

區
훈 구분할 **음** 구
부수 匚

- **區別(구별)** 종류에 따라 갈라 놓음.
- **區分(구분)** 따로따로 갈라 나눔.
- **區民(구민)** 한 구 안에 사는 사람.
- **區間(구간)** 일정한 지점의 사이.

別
훈 다를/나눌 **음** 별
부수 刀(刂)

- **別名(별명)** 본 이름이 아닌 다른 이름.
- **別食(별식)** 늘 먹지 않는 특별한 음식.
- **作別(작별)** 서로 헤어짐.
- **分別(분별)** 세상 물정을 알아서 가림.

✏️ 一 丆 гา ѓา г̧а 品 品 品 品 區

區	區	區	區	區	區	區
구분할 **구**						

✏️ 丨 口 口 兄 另 別 別

別	別	別	別	別	別	別
다를/나눌 **별**						

高

훈 높을 음 고
부수 高

쓰임
- 高速(고속) 썩 빠른 속도. <예> 高速 버스
- 高山(고산) 높은 산.
- 高低(고저) 높고 낮음.
- 高手(고수) 어떤 솜씨나 실력이 매우 뛰어난 사람.

級

훈 등급 음 급
부수 糸

쓰임
- 高級(고급) 높은 계급이나 등급.
- 學級(학급) 학교의 단위인 반.
- 上級(상급) 윗등급. 윗학급. ↔ 下級(하급)
- 級數(급수) 능력이나 기술의 높고 낮은 등급.

✏️ 丶 亠 亡 亡 亡 高 高 高 高

高	高	高	高	高	高	高
높을 고						

✏️ 乙 幺 幺 幺 糸 糸 紀 級 級 級

級	級	級	級	級	級	級
등급 급						

공부한 날: _____월 _____일

對
훈 대할 음 대
부수 寸

쓰임
對面(대면) 서로 마주 보고 대함.
對答(대답) 묻는 말에 답함.
對立(대립) 마주 섬. 둘이 서로 버팀.
相對(상대) 서로 마주 봄. 마주 겨룸.

等
훈 무리 음 등
부수 竹

쓰임
等級(등급) 위아래를 구별한 등수.
等數(등수) 차례를 매겨 붙인 번호.
對等(대등) 서로 비슷함.
同等(동등) 등급이나 정도 따위가 같음.

✏ 丶 丷 业 业 业 业 丵 丵 丵 一 對 對

對	對	對	對	對	對
대할 대					

✏ 丿 亇 亇 竺 竺 竺 竺 笁 笁 等 等

等	等	等	等	等	等
무리 등					

9장 마무리 문제

공부한 날: _____ 월 _____ 일

● 다음 漢字語의 讀音을 써 보세요.

(1) 各自 (　　) (2) 班名 (　　) (3) 番地 (　　)

(4) 番號 (　　) (5) 多幸 (　　) (6) 多數 (　　)

(7) 特別 (　　) (8) 作別 (　　) (9) 高等 (　　)

(10) 級數 (　　) (11) 出席 (　　) (12) 區分 (　　)

(13) 對面 (　　) (14) 高級 (　　) (15) 等數 (　　)

(16) 等級 (　　) (17) 對話 (　　) (18) 班別 (　　)

(19) 同等 (　　) (20) 對立 (　　) (21) 對答 (　　)

(22) 對等 (　　) (23) 高山 (　　) (24) 學級 (　　)

(25) 高速 (　　) (26) 上級 (　　) (27) 下級 (　　)

(28) 反對 (　　) (29) 區別 (　　) (30) 號外 (　　)

(31) 各班 (　　) (32) 空席 (　　) (33) 各界 (　　)

(34) 班長 (　　) (35) 口號 (　　) (36) 各國 (　　)

(37) 多事 (　　) (38) 別食 (　　) (39) 別名 (　　)

(40) 高級紙 (　　　　) (41) 各方面 (　　　　)

(42) 出席番號 (　　　　) (43) 高速道路 (　　　　)

(44) 特別行事 (　　　　) (45) 高等學校 (　　　　)

(46) 交通信號 (　　　　) (47) 學校出席 (　　　　)

(48) 電話番號 (　　　　) (49) 高等敎育 (　　　　)

9장 마무리 문제

공부한 날: _____월 _____일

● 다음 漢字의 訓과 音을 써 보세요.

(50)	對	
(51)	各	
(52)	級	
(53)	班	
(54)	別	
(55)	等	

(56)	號	
(57)	席	
(58)	高	
(59)	番	
(60)	區	
(61)	多	

● 다음 밑줄 친 낱말을 漢字로 써 보세요.

(62) 졸업 선물로 고급 시계를 받았어요. (   )

(63) 반장이 혼자 청소를 하였습니다. (   )

(64) 번호 순서대로 검사를 하였어요. (   )

(65) 전교 임원 회의에 출석하였습니다. (   )

(66) 나는 6급 한자 급수를 따겠습니다. (   )

(67) 싸우지 말고 대화로 해결합시다. (   )

(68) 누구나 구별하기 쉽게 이름을 씁시다. (   )

(69) 사장님이 상석에 앉았습니다. (   )

(70) 이제는 실력이 늘어서 대등합니다. (   )

(71) 선생님과 작별하게 되어 서운합니다. (   )

(72) 새 식당에 가서 별식을 먹었습니다. (   )

(73) 할아버지는 공사를 반대하였습니다. (   )

9장 마무리 문제

공부한 날: _____월 _____일

● 다음 漢字와 뜻이 같은 漢字를 골라 그 번호를 써 보세요.

(74) 班 (　　) ① 合 ② 急 ③ 分 ④ 明

(75) 號 (　　) ① 名 ② 室 ③ 學 ④ 才

● 다음 漢字語의 뜻을 써 보세요.

(76) 作別 :

(77) 區別 :

(78) 高山 :

(79) 出席 :

(80) 對等 :

9장 마무리 문제 정답

(1)각자	(2)반명	(3)번지	(4)번호	(5)다행
(6)다수	(7)특별	(8)작별	(9)고등	(10)급수
(11)출석	(12)구분	(13)대면	(14)고급	(15)등수
(16)등급	(17)대화	(18)반별	(19)동등	(20)대립
(21)대답	(22)대등	(23)고산	(24)학급	(25)고속
(26)상급	(27)하급	(28)반대	(29)구별	(30)호외
(31)각반	(32)공석	(33)각계	(34)반장	(35)구호
(36)각국	(37)다사	(38)별식	(39)별명	(40)고급지
(41)각방면	(42)출석번호	(43)고속도로	(44)특별행사	(45)고등학교
(46)교통신호	(47)학교출석	(48)전화번호	(49)고등교육	(50)대할 대
(51)각각 각	(52)등급 급	(53)나눌 반	(54)다를/나눌 별	(55)무리 등
(56)이름 호	(57)자리 석	(58)높을 고	(59)차례 번	(60)구분할 구
(61)많을 다	(62)高級	(63)班長	(64)番號	(65)出席
(66)級數	(67)對話	(68)區別	(69)上席	(70)對等
(71)作別	(72)別食	(73)反對	(74)③	(75)①
(76)서로 헤어짐	(77)종류에 따라 갈라 놓음		(78)높은 산	
(79)수업이나 모임에 나감		(80)서로 비슷함		

10장

생활

10장에서 익혀요!

石 油 衣 服
短 窓 計 定
公 共 古 堂

공부한 날: _____월 _____일

石

훈 돌 음 석

부수 石

石手(석수) 돌로 물건을 만드는 사람(=石工).
巖石(암석) 지각을 구성하고 있는 단단한 물질.
石器(석기) 돌로 만든 여러 가지 도구.
石塔(석탑) 돌로 만든 탑. 돌탑.

油

훈 기름 음 유

부수 水(氵)

食用油(식용유) 먹을 수 있는 기름.
油田(유전) 석유가 나는 지역.
石油(석유) 지하에서 나는 광물성의 기름.
油畫(유화) 물감을 기름에 개어 그린 그림.

一 丆 ナ 石 石

石 | 石 | 石 | 石 | 石 | 石 | 石

돌 석

丶 氵 氵 沪 沪 油 油

油 | 油 | 油 | 油 | 油 | 油

기름 유

공부한 날: ____월 ____일

衣
훈 옷 음 의
부수 衣

쓰임
- 衣服(의복) 사람이 입는 옷.
- 上衣(상의) 윗옷. ↔ 下衣(하의)
- 白衣(백의) 흰 옷. <예> 白衣民族(백의민족)
- 衣食住(의식주) 옷과 음식과 집.

服
훈 옷 음 복
부수 月

쓰임
- 服用(복용) 약을 먹음(=服藥).
- 服色(복색) 옷의 빛깔. 옷의 꾸밈새.
- 內服(내복) 속옷. 약 따위를 먹음.
- 冬服(동복) 겨울 옷.

✏️ `丶 一 亠 亣 𧘇 衣`

衣	衣	衣	衣	衣	衣	衣
옷 의						

✏️ `丿 几 月 月 𦙾 服 服 服`

服	服	服	服	服	服	服
옷 복						

95

6급

공부한 날: ____월 ____일

短
훈 짧을 음 단
부수 矢

쓰임
- 短命(단명) 목숨이 짧음.
- 長短(장단) 길고 짧음. 장점과 단점.
- 短文(단문) 짧은 글.
- 短時日(단시일) 짧은 시일(날짜).

窓
훈 창 음 창
부수 穴

쓰임
- 窓門(창문) 공기나 빛이 통하도록 낸 문.
- 同窓(동창) 같은 학교에서 공부한 사람.
- 車窓(차창) 차의 창문.
- 學窓(학창) 학교를 달리 이르는 말.

✏️ ノ ト 卜 チ 矢 矢 矢 知 知 短 短

短	短	短	短	短	短	短
짧을 단						

✏️ 丶 宀 宀 宀 宀 宏 窓 窓 窓 窓

窓	窓	窓	窓	窓	窓	窓
창 창						

공부한 날: ____월 ____일

計
훈 셀/꾀할 **음** 계
부수 言

쓰임
- **計算**(계산) 셈을 헤아림.
- **計數**(계수) 수효를 계산함.
- **生計**(생계) 살림을 살아 나갈 방도.
- **時計**(시계) 시간을 나타내는 도구.

定
훈 정할 **음** 정
부수 宀

쓰임
- **定時**(정시) 일정한 시간이나 시기.
- **安定**(안정) 달라지지 않고 일정한 상태를 유지함.
- **內定**(내정) 정식 발표 이전에 내부에서 정함.
- **未定**(미정) 아직 정하지 못함.

✏️ 丶 ㆍ 二 三 ᆖ 言 言 言 計

計	計	計	計	計	計	計
셀/꾀할 계						

✏️ 丶 ㆍ 宀 宀 宁 宇 定 定

定	定	定	定	定	定	定
정할 정						

공부한 날: _____ 월 _____ 일

公
훈 공평할 음 공
부수 八

쓰임
- 公平(공평) 치우침이 없이 공정함.
- 公主(공주) 임금의 딸.
- 公正(공정) 공평하고 올바름.
- 公休日(공휴일) 공적으로 정해진 휴일.

共
훈 함께 음 공
부수 八

쓰임
- 共同(공동) 여러 사람이 일을 같이 함.
- 共通(공통) 여럿 사이에 두루 통하고 관계됨.
- 共用(공용) 공통으로 사용함.
- 公共(공공) 일반 사회. 공중.

✏️ ノ 八 公 公

公	公	公	公	公	公
공평할 공					

✏️ 一 十 廾 土 共 共

共	共	共	共	共	共
함께 공					

공부한 날: _____월_____일

훈 예 음 고
부수 口

古木(고목) 매우 오래 묵은 나무.
古物(고물) 옛적 물건. 헐거나 낡은 물건.
古今(고금) 예전과 지금.
古書(고서) 아주 오래 전에 나온 책. 낡은 책.

훈 집 음 당
부수 土

食堂(식당) 음식을 파는 가게.
學堂(학당) 옛날에 글이나 지식을 가르치던 곳.
書堂(서당) 글을 배우는 곳. 글방.
正正堂堂(정정당당) 공정하고 떳떳함.

✏ 一 十 十 古 古

古	古	古	古	古	古	古
예 고						

✏ ᆝ ᆝ ᅩ ᅩ ᅭ ᅭ 쓰 쓰 쓰 堂 堂

堂	堂	堂	堂	堂	堂	堂
집 당						

10장 마무리 문제

●다음 漢字語의 讀音을 써 보세요.

(1) 窓門 (　　　)　　(2) 石手 (　　　)　　(3) 重油 (　　　)

(4) 計算 (　　　)　　(5) 韓服 (　　　)　　(6) 下衣 (　　　)

(7) 服用 (　　　)　　(8) 短命 (　　　)　　(9) 同窓 (　　　)

(10) 洋服 (　　　)　　(11) 長短 (　　　)　　(12) 內定 (　　　)

(13) 定立 (　　　)　　(14) 公主 (　　　)　　(15) 公共 (　　　)

(16) 共同 (　　　)　　(17) 古木 (　　　)　　(18) 食堂 (　　　)

(19) 公平 (　　　)　　(20) 古物 (　　　)　　(21) 古今 (　　　)

(22) 石油 (　　　)　　(23) 衣服 (　　　)　　(24) 計定 (　　　)

(25) 公立 (　　　)　　(26) 學堂 (　　　)　　(27) 白衣 (　　　)

(28) 上衣 (　　　)　　(29) 生計 (　　　)　　(30) 時計 (　　　)

(31) 古代 (　　　)　　(32) 古書 (　　　)　　(33) 書堂 (　　　)

(34) 不公平 (　　　　)　　　　(35) 內服藥 (　　　　)

(36) 食用油 (　　　　)　　　　(37) 公休日 (　　　　)

(38) 衣食住 (　　　　)　　　　(39) 同窓會 (　　　　)

(40) 藥物服用 (　　　　)　　　(41) 男女共學 (　　　　)

(42) 共同水道 (　　　　)　　　(43) 公立學校 (　　　　)

(44) 白衣民族 (　　　　)　　　(45) 正正堂堂 (　　　　)

10장 마무리 문제

● 다음 밑줄 친 낱말을 漢字로 써 보세요.

(46) 우리나라는 <u>석유</u>를 수입합니다. (　　　)

(47) 선생님의 <u>의복</u>은 화려하였습니다. (　　　)

(48) 너무 더우니 <u>창문</u>을 열어라. (　　　)

(49) 할머니는 <u>단명</u>하였습니다. (　　　)

(50) 셈이 많아서 <u>계산</u>이 복잡하였습니다. (　　　)

(51) 주민들이 <u>공동</u>으로 다리를 놓았습니다. (　　　)

(52) <u>고목</u> 아래는 주민들의 쉼터입니다. (　　　)

(53) 바로 이웃에 <u>식당</u>이 개업하였습니다. (　　　)

(54) 아버지가 사장으로 <u>내정</u>되었답니다. (　　　)

(55) 먹는 기름을 <u>식용유</u>라고 합니다. (　　　)

(56) 이번 <u>공휴일</u>에 가족 소풍을 갑니다. (　　　)

(57) 어머니는 고등 학교 <u>동창회</u>에 갔습니다. (　　　)

● 다음 漢字 또는 漢字語의 反義語(반의어)나 相對語(상대어)를 써 보세요.

(58) 長(길다) (　　　　　)

(59) 上衣(윗옷) (　　　　　)

(60) 韓服(한국 고유의 옷) (　　　　　)

● 다음 漢字語와 가장 관계 있는 漢字語를 찾아 그 번호를 써 보세요.

(61) 藥用植物 (　　　)　　　　① 古木　② 草木　③ 藥草

(62) 公立學校 (　　　)　　　　① 敎育　② 禮式　③ 農業

10장 마무리 문제

공부한 날: _____월 _____일

● 다음 漢字와 음이 같은 漢字를 모두 골라 그 번호를 써 보세요.
▶ 정답이 세 개 이상인 것도 있음.

(63) 油 (   )   ① 有   ② 育   ③ 由   ④ 用

(64) 衣 (   )   ① 飮   ② 意   ③ 醫   ④ 音

(65) 古 (   )   ① 公   ② 氣   ③ 高   ④ 苦

(66) 公 (   )   ① 空   ② 根   ③ 工   ④ 共

● 다음 漢字語의 뜻을 써 보세요.

(67) 衣服:

(68) 短命:

(69) 計算:

(70) 公主:

• 10장 마무리 문제 정답

(1)창문　(2)석수　(3)중유　(4)계산　(5)한복
(6)하의　(7)복용　(8)단명　(9)동창　(10)양복
(11)장단　(12)내정　(13)정립　(14)공주　(15)공공
(16)공동　(17)고목　(18)식당　(19)공평　(20)고물
(21)고금　(22)석유　(23)의복　(24)계정　(25)공립
(26)학당　(27)백의　(28)상의　(29)생계　(30)시계
(31)고대　(32)고서　(33)서당　(34)불공평　(35)내복약
(36)식용유　(37)공휴일　(38)의식주　(39)동창회　(40)약물복용
(41)남녀공학　(42)공동수도　(43)공립학교　(44)백의민족　(45)정정당당
(46)石油　(47)衣服　(48)窓門　(49)短命　(50)計算
(51)共同　(52)古木　(53)食堂　(54)內定　(55)食用油
(56)公休日　(57)同窓會　(58)短　(59)下衣　(60)洋服
(61)③　(62)①　(63)①, ③　(64)②, ③　(65)③, ④
(66)①, ③, ④　(67)사람이 입는 옷　(68)목숨이 짧음　(69)셈을 헤아림　(70)임금의 딸

11장

생활

11장에서 익혀요!

現 在 郡 界
黃 頭 半 角
銀   章

6급

공부한 날: ____월 ____일

現
훈 나타날 음 현
부수 玉(王)

쓰임
- 現代(현대) 오늘날의 시대. 현시대.
- 現金(현금) 현재 가지고 있는 돈. 지폐나 동전.
- 出現(출현) 나타남. <예> 곰이 出現하다.
- 表現(표현) 의견이나 감정 등을 드러냄.

在
훈 있을 음 재
부수 土

쓰임
- 現在(현재) 이제. 지금. <예> 現在 위치
- 不在(부재) 있지 아니함.
- 在學生(재학생) 학교에 다니고 있는 학생.
  ↔ 卒業生(졸업생)

✏️ 一 二 于 王 玗 玑 玥 玥 玥 現 現

現	現	現	現	現	現
나타날 현					

✏️ 一 ナ オ 才 在 在

在	在	在	在	在	在
있을 재					

공부한 날: ____월 ____일

郡
훈 고을 **음** 군

부수 邑(⻏)

쓰임
- **郡內(군내)** 한 군의 안.
- **郡民(군민)** 그 군에 사는 사람.
- **郡守(군수)** 군의 행정을 맡은 으뜸 관직.
- **郡廳(군청)** 군의 행정 사무를 맡은 관청.

界
훈 지경 **음** 계

부수 田

쓰임
- **世界(세계)** 온 세상.
- **各界(각계)** 사회의 여러 분야.
- **外界(외계)** 바깥 세계.
- **學界(학계)** 학문의 세계. 학자의 사회.

✏️ ㄱ ㅋ 尹 尹 君 君 君' 郡 郡

郡	郡	郡	郡	郡	郡	郡
고을 군						

✏️ 丨 冂 冂 田 田 甼 界 界 界

界	界	界	界	界	界	界
지경 계						

105

공부한 날: _____월 _____일

黃
훈 누를 음 황
부수 黃

쓰임
- 黃色(황색) 누런 색. <예> 黃色旗(황색기)
- 黃土(황토) 누렇고 거무스름한 흙.
- 黃金(황금) 금을 구별하여 이르는 말.
- 黃牛(황우) 황소.

頭
훈 머리 음 두
부수 頁

쓰임
- 頭目(두목) 여러 사람 중 우두머리.
- 頭音(두음) 음절의 첫소리.
- 先頭(선두) 대열이나 행렬 또는 어떤 활동의 맨 앞.
- 年頭(연두) 새해의 첫머리.

✏️ 一 十 艹 丑 芏 芏 苎 苦 莆 黃 黃 黃

黃 누를 황	黃	黃	黃	黃	黃	黃

✏️ 一 丆 冖 戸 戸 豆 豆 豆 豆頁 頭 頭 頭 頭 頭

頭 머리 두	頭	頭	頭	頭	頭	頭

공부한 날: _____ 월 _____ 일

半

훈 반 **음** 반

부수 十

쓰임
- 半月(반월) 반달. 한 달의 반.
- 半年(반년) 한해의 반.
- 半額(반액) 반값. 원값의 반.
- 太半(태반) 반 이상.

角

훈 뿔 **음** 각

부수 角

쓰임
- 角度(각도) 각의 크기. 사물을 보는 관점.
- 多角(다각) 각이 많음. 여러 방면에 걸침.
- 頭角(두각) 머리나 머리끝. 남보다 빼어남.
- 直角(직각) 수평선과 수직선이 이루는 각.

✏️ ノ ハ 厶 兰 半

半	半	半	半	半	半	半
반 **반**						

✏️ ノ ク 介 产 角 角 角

角	角	角	角	角	角
뿔 **각**					

銀

훈 은 음 은

부수 金

쓰임
- 金銀(금은) 금과 은.
- 銀行(은행) 돈을 맡기거나 빌리는 금융 기관.
- 韓銀(한은) 한국 은행을 줄여서 부르는 말.
- 水銀(수은) 상온에서 액체 상태로 있는 금속 원소.

章

훈 글 음 장

부수 立

쓰임
- 文章(문장) 생각이나 느낌을 글로 나타낸 것.
- 圖章(도장) 나무나 뿔에 이름을 새긴 물건.
- 勳章(훈장) 나라에 공로가 있는 사람에게 내리는 휘장.

✏ ノ 丿 𠂉 ⺧ 牟 余 金 金 釒 釖 鈤 鉭 銀 銀

銀	銀	銀	銀	銀	銀	銀
은 은						

✏ 丶 亠 亠 产 立 产 育 音 音 音 章

章	章	章	章	章	章	章
글 장						

11장 마무리 문제

공부한 날: _____월 _____일

● 다음 漢字語의 讀音을 써 보세요.

(1) 現在 (　　　)　　(2) 不在 (　　　)　　(3) 世界 (　　　)

(4) 銀行 (　　　)　　(5) 半數 (　　　)　　(6) 現代 (　　　)

(7) 郡內 (　　　)　　(8) 郡民 (　　　)　　(9) 郡界 (　　　)

(10) 頭目 (　　　)　　(11) 先頭 (　　　)　　(12) 半月 (　　　)

(13) 三角 (　　　)　　(14) 黃色 (　　　)　　(15) 金銀 (　　　)

(16) 文章 (　　　)　　(17) 圖章 (　　　)　　(18) 角度 (　　　)

(19) 出現 (　　　)　　(20) 黃土 (　　　)　　(21) 表現 (　　　)

(22) 口頭 (　　　)　　(23) 直角 (　　　)　　(24) 現金 (　　　)

(25) 頭角 (　　　)　　(26) 現場 (　　　)　　(27) 黃金 (　　　)

(28) 多角形 (　　　　)　　　　(29) 不在中 (　　　　)

(30) 在學生 (　　　　)　　　　(31) 半平生 (　　　　)

(32) 現代文學 (　　　　)　　　(33) 世界平和 (　　　　)

(34) 文章表現 (　　　　)　　　(35) 郡民大會 (　　　　)

(36) 韓國銀行 (　　　　)　　　(37) 現代科學 (　　　　)

(38) 現場不在 (　　　　)　　　(39) 黃金時間 (　　　　)

(40) 半神半人 (　　　　)　　　(41) 直角三角形 (　　　　)

11장 마무리 문제

●다음 漢字의 訓과 音을 써 보세요.

(42)	章	
(43)	在	
(44)	黃	
(45)	銀	
(46)	現	

(47)	角	
(48)	界	
(49)	半	
(50)	郡	
(51)	頭	

●다음 밑줄 친 낱말을 漢字로 써 보세요.

(52) 우리 선수가 <u>선두</u>를 달리고 있어요. (　　　)

(53) <u>세계</u> 지도를 펴 놓고 찾아보자. (　　　)

(54) <u>군민</u>들이 모여서 군수를 만났습니다. (　　　)

(55) <u>현대</u> 과학은 많이 발달하였습니다. (　　　)

(56) 시장님은 현재 <u>부재</u>중입니다. (　　　)

(57) 산적의 <u>두목</u>을 잡았습니다. (　　　)

(58) 우리는 공책에 <u>다각형</u>을 그렸습니다. (　　　)

(59) 공사는 <u>반년</u>이 걸려서야 끝났습니다. (　　　)

(60) 세뱃돈을 <u>은행</u>에 저금하였습니다. (　　　)

(61) 문서에 아버지의 <u>도장</u>을 찍었습니다. (　　　)

●다음 漢字語의 反義語(반의어)나 相對語(상대어)를 골라 그 번호를 써 보세요.

(62) 現代 (　　　)　　　① 現在　② 古代　③ 現世　④ 時代

12장

생활

12장에서 익혀요!

例 集 永 第
向 京 李 朴
習 勇

공부한 날: _____월 _____일

例

훈 법식 **음** 례(예)

부수 人(亻)

쓰임
- **例外(예외)** 일반 규칙이나 예를 벗어남.
- **例話(예화)** 예로 들어 하는 이야기.
- **前例(전례)** 이전부터 있었던 사례(=先例).
- **例事(예사)** 보통 있는 일.

集

훈 모을 **음** 집

부수 隹

쓰임
- **集計(집계)** 한데 모아 계산함.
- **集團(집단)** 여럿이 모여 이룬 모임.
- **集中(집중)** 한 가지 일에 모든 힘을 쏟아부음.
- **文集(문집)** 여러 편의 글을 모아 엮은 책.

✎ ノ 亻 亻 亻 仍 例 例 例

例	例	例	例	例	例	例
법식 례(예)						

✎ ノ 亻 亻 亻 亻 亻 佳 佳 隹 隼 集 集

集	集	集	集	集	集	集
모을 집						

공부한 날: _____월 _____일

훈 길 음 영
부수 水

쓰임
- 永住(영주) 한 곳에 오래 삶.
- 永遠(영원) 어떤 상태가 끝없이 이어짐.
- 永生(영생) 영원히 삶.
- 永永(영영) 영원히 언제까지나.

훈 차례 음 제
부수 竹

쓰임
- 第一(제일) 첫째. 가장 먼저. 으뜸.
- 第三者(제삼자) 당사자 이외의 사람.
- 及第(급제) 시험이나 검사에 합격함.
  <예> 장원 及第

✏️ ` 亅 求 永 永

永	永	永	永	永	永	永
길 영						

✏️ ノ 𠂉 ⺮ 竹 竹 笃 笃 笃 第 第 第

第	第	第	第	第	第	第
차례 제						

向

훈 향할 **음** 향

부수 口

쓰임
- **向方(향방)** 향하는 곳.
- **向上(향상)** 위를 향해 나아감. 보다 나아짐.
- **南向(남향)** 남쪽으로 향함.
- **向後(향후)** 뒤이어 오는 때나 자리. 이다음.

京

훈 서울 **음** 경

부수 亠

쓰임
- **上京(상경)** 지방에서 서울로 올라옴.
- **下京(하경)** 서울에서 내려옴. ↔ 上京(상경)
- **入京(입경)** 서울로 들어옴.
- **在京(재경)** 서울에 머물러 있음.

✏️ ´ ⼳ ⼵ 向 向 向

向	向	向	向	向	向
향할 향					

✏️ 丶 亠 ㅗ 古 古 亨 京 京

京	京	京	京	京	京
서울 경					

공부한 날: _____ 월 _____ 일

훈 오얏 음 리(이)

부수 木

李朝(이조) 조선 시대를 이르는 말.
桃李(도리) 복숭아와 자두.
李花(이화) 자두나무의 꽃.
李氏(이씨) 성씨의 하나.

훈 성/순박할 음 박

부수 木

淳朴(순박) 순하고 꾸밈이 없음.
素朴(소박) 꾸밈이나 거짓이 없고 수수함.
朴氏(박씨) 성씨의 하나. <예> 朴혁거세

✏️ 一 十 才 木 杢 李 李

李	李	李	李	李	李	李
오얏 리(이)						

✏️ 一 十 才 木 朴 朴

朴	朴	朴	朴	朴	朴	朴
성/순박할 박						

공부한 날: ____월 ____일

習

훈 익힐 **음** 습

부수 羽

쓰임
- **學習**(학습) 배워 익힘.
- **風習**(풍습) 풍속과 습관.
- **習字**(습자) 글씨 쓰기를 배워 익힘.
- **習作**(습작) 연습 삼아 짓거나 그린 작품.

勇 (勇)

훈 날랠 **음** 용

부수 力

쓰임
- **勇氣**(용기) 씩씩하고 굳센 기운.
- **勇士**(용사) 용맹스러운 사람.
- **勇兵**(용병) 용감한 군사.
- **勇戰**(용전) 용감하게 싸움.

✏️ ㄱ ㄱ ㅋ 习 羽 羽 羽 邓 習 習 習

習	習	習	習	習	習	習
익힐 **습**						

✏️ ㄱ ㄱ ㄱ 产 产 百 百 甬 勇 勇

勇						
날랠 **용**						

12장 마무리 문제

●다음 漢字語의 讀音을 써 보세요.

(1) 事例 (　　　)　　(2) 文集 (　　　)　　(3) 集合 (　　　)

(4) 例外 (　　　)　　(5) 集中 (　　　)　　(6) 永住 (　　　)

(7) 第一 (　　　)　　(8) 向上 (　　　)　　(9) 方向 (　　　)

(10) 上京 (　　　)　　(11) 勇氣 (　　　)　　(12) 自習 (　　　)

(13) 南向 (　　　)　　(14) 習作 (　　　)　　(15) 習字 (　　　)

(16) 李先生 (　　　　　)　　　　(17) 朴社長 (　　　　　)

(18) 自習問題 (　　　　　)　　　(19) 學生文集 (　　　　　)

(20) 集會場所 (　　　　　)　　　(21) 第一等級 (　　　　　)

(22) 第三世界 (　　　　　)　　　(23) 美國永住 (　　　　　)

●다음 漢字의 訓과 音을 써 보세요.

(24)	朴		(29)	集	
(25)	永		(30)	李	
(26)	例		(31)	京	
(27)	第		(32)	習	
(28)	勇		(33)	向	

12장 마무리 문제

공부한 날: _____ 월 _____ 일

● 다음 밑줄 친 낱말을 漢字로 써 보세요.

(34) 삼촌이 오늘 상경하였습니다. (　　　)

(35) 도둑을 잡은 용기 있는 시민입니다. (　　　)

(36) 범인이 달아난 방향이 어디지요? (　　　)

(37) 성적이 매우 향상되었습니다. (　　　)

(38) 선생님이 예화를 들려 주었습니다. (　　　)

(39) 우리들의 글을 모아 문집을 냈어요. (　　　)

(40) 박 선생님이 오셨습니다. (　　　)

(41) 내 성은 이씨입니다. (　　　)

(42) 자습 시간에 수학 공부를 하였어요. (　　　)

(43) 우리 집이 마을에서 제일 큽니다. (　　　)

(44) 이모는 미국에서 영주하고 있습니다. (　　　)

(45) 예사롭지 않은 일이 벌어졌습니다. (　　　)

● 다음 漢字와 음이 같은 漢字를 모두 골라 그 번호를 써 보세요.

▶ 정답이 세 개 이상인 것도 있음.

(46) 例 (　　　)　　①女　②禮　③來　④老

(47) 永 (　　　)　　①英　②然　③藥　④言

(48) 第 (　　　)　　①全　②題　③定　④弟

(49) 李 (　　　)　　①理　②利　③里　④林

(50) 勇 (　　　)　　①午　②用　③有　④育

13장

반대

13장에서 익혀요!

遠 近 強 弱
昨 今 晝 夜
朝　　野

6급

공부한 날: _____ 월 _____ 일

遠
훈 멀 음 원
부수 辵(辶)

쓰임
- 遠近(원근) 멀고 가까움.
- 遠大(원대) 계획이나 희망의 규모가 큼.
- 遠路(원로) 먼 길.
- 遠心(원심) 중심으로부터 멀어져 감.

近
훈 가까울 음 근
부수 辵(辶)

쓰임
- 近來(근래) 가까운 요즈음.
- 近代(근대) 얼마 지나지 않은 가까운 시대.
- 近年(근년) 요 몇 년 사이.
- 近親(근친) 성이 같은 가까운 일가붙이.

✏️ 一 十 土 耂 吉 吉 吉 吉 吉 袁 袁 远 遠 遠

멀 원

✏️ ′ ㄏ ㄈ 斤 斤 沂 近 近

가까울 근

공부한 날: _____월 _____일

強 (强)
훈 강할 **음** 강
부수 弓

쓰임
- 強力(강력) 강한 힘.
- 強風(강풍) 강한 바람.
- 強國(강국) 강한 나라.
- 強者(강자) 강한 사람. ↔ 弱者(약자)

弱
훈 약할 **음** 약
부수 弓

쓰임
- 強弱(강약) 강함과 약함. 강자와 약자.
- 弱小(약소) 약하고 작음.
- 弱者(약자) 약한 사람.
- 弱體(약체) 약한 몸. 능력이 약한 조직체.

✏️ 丨 丆 弓 弓' 弓'' 弓''' 弓'''' 弹 強 強 強

強					
강할 강					

✏️ 丨 丆 弓 弓 弓' 弓'' 弓''' 弱 弱 弱

弱					
약할 약					

공부한 날: _____월 _____일

훈 어제 음 작

부수 日

쓰임
昨今(작금) 어제와 오늘.
昨年(작년) 지난해. <예> 昨年 여름 방학
昨日(작일) 어제. ↔ 來日(내일)
昨夜(작야) 어젯밤.

훈 이제 음 금

부수 人

쓰임
今年(금년) 올해.
古今(고금) 예전과 지금.
今方(금방) 이제 방금.
只今(지금) 바로 이제.

✏ 丨 冂 冃 日 日' 昨 昨 昨 昨

昨	昨	昨	昨	昨	昨	昨
어제 작						

✏ 丿 人 亼 今

今	今	今	今	今	今	今
이제 금						

공부한 날: _____월 _____일

 훈 낮 음 주
부수 日

 훈 밤 음 야
부수 夕

쓰임
- **晝夜(주야)** 낮과 밤. 밤낮.
- **晝間(주간)** 낮. 낮 동안. ↔ 夜間(야간)
- **晝食(주식)** 점심밥.
- **白晝(백주)** 환히 밝은 낮.

쓰임
- **夜間(야간)** 밤. 밤 사이.
- **夜光(야광)** 어두운 곳에서 빛을 냄.
- **夜景(야경)** 밤의 경치.
- **前夜(전야)** 어젯밤. 전날 밤.

✏️ ㄱ ㄱ ㅋ ㅋ 書 書 書 書 書 書 晝

晝	晝	晝	晝	晝	晝	晝
낮 주						

✏️ 丶 亠 广 广 疒 夜 夜 夜

夜	夜	夜	夜	夜	夜	夜
밤 야						

123

공부한 날: _____월 _____일

朝
훈 아침 **음** 조
부수 月

쓰임
- **朝夕(조석)** 아침과 저녁.
- **朝會(조회)** 아침 모임. `<예>` 朝會 시간
- **朝刊(조간)** 아침에 발행되는 신문. ↔ 夕刊
- **朝野(조야)** 조정과 백성.

野
훈 들 **음** 야
부수 里

쓰임
- **平野(평야)** 평평하고 너른 들.
- **野人(야인)** 예절을 모르는 거친 사람.
- **野外(야외)** 들판. 교외. `<예>` 野外 수업
- **分野(분야)** 몇으로 나눈 각각의 범위.

✏️ 一 十 十 古 古 古 直 卓 훼 朝 朝 朝

朝	朝	朝	朝	朝	朝	朝
아침 조						

✏️ 丶 冂 日 日 旦 甲 里 野 野 野

野	野	野	野	野	野	野
들 야						

13장 마무리 문제

공부한 날: _____ 월 _____ 일

● 다음 漢字語의 讀音을 써 보세요.

(1) 永遠 (　　　)　　(2) 遠洋 (　　　)　　(3) 遠路 (　　　)

(4) 近來 (　　　)　　(5) 近方 (　　　)　　(6) 遠近 (　　　)

(7) 強者 (　　　)　　(8) 強行 (　　　)　　(9) 強弱 (　　　)

(10) 強風 (　　　)　　(11) 弱小 (　　　)　　(12) 強大 (　　　)

(13) 昨年 (　　　)　　(14) 今年 (　　　)　　(15) 古今 (　　　)

(16) 昨今 (　　　)　　(17) 白晝 (　　　)　　(18) 夜間 (　　　)

(19) 夜食 (　　　)　　(20) 晝夜 (　　　)　　(21) 朝夕 (　　　)

(22) 朝會 (　　　)　　(23) 野山 (　　　)　　(24) 平野 (　　　)

(25) 朝野 (　　　)　　(26) 野人 (　　　)　　(27) 野心 (　　　)

(28) 野球 (　　　)　　(29) 野生 (　　　)　　(30) 近代 (　　　)

(31) 東西古今 (　　　　　)　　(32) 弱小國家 (　　　　　)

(33) 野生動物 (　　　　　)　　(34) 晝夜長川 (　　　　　)

● 다음 漢字의 訓과 音을 써 보세요.

(35)	強		(40)	野	
(36)	今		(41)	弱	
(37)	朝		(42)	遠	
(38)	夜		(43)	晝	
(39)	近		(44)	昨	

13장 마무리 문제

공부한 날: ____월 ____일

● 다음 밑줄 친 낱말을 漢字로 써 보세요.

(45) 약소국은 <u>강대국</u>의 도움을 받습니다.　　　(　　　)

(46) 저 어선은 <u>원양</u> 어업을 하는 배입니다.　　　(　　　)

(47) 밤 늦게 <u>야식</u>을 시켜 먹었습니다.　　　(　　　)

(48) <u>백주</u>에 큰 사건이 벌어졌습니다.　　　(　　　)

(49) 주말에 우리는 <u>야구장</u>에 갔습니다.　　　(　　　)

(50) 매주 월요일은 <u>조회</u>가 있는 날입니다.　　　(　　　)

(51) 그분은 <u>작년</u>에 병사하였습니다.　　　(　　　)

(52) 이 <u>근방</u>에 숨어 있으니 찾아보세요.　　　(　　　)

(53) 관중들은 <u>약자</u>를 응원하였습니다.　　　(　　　)

● 빈 칸에 다음 漢字의 反義語(반의어)나 相對語(상대어)를 써 보세요.

(54) 強 [　] 　　　(55) [　] 近

(56) 古 [　] 　　　(57) [　] 夕

(58) 晝 [　] 　　　(59) 昨 [　]

● 다음 漢字語의 뜻을 써 보세요.

(60) 晝夜 :

(61) 古今 :

(62) 遠近 :

★ 정답은 160쪽에 있습니다.

6급 한자 총정리

다시 한번 익혀요!

6급 한자(8·7급 포함) 300자 보기

6급 한자 훈음 쓰기

6급 한자 300자 쓰기

한자어 독음 쓰기(1,050단어)

반의어·상대어

동음이의어·두음 법칙

유의어·동자 이음어

6급 한자 총정리

6급 한자 300자 보기 (8급·7급 150자)

한자	훈	음	한자	훈	음	한자	훈	음	한자	훈	음
家	집	가	女	계집	녀(여)	每	매양	매	山	메	산
歌	노래	가	年	해	년(연)	面	낯	면	算	셈할	산
間	사이	간	農	농사	농	名	이름	명	三	석	삼
江	강/물	강	答	대답할	답	命	목숨	명	上	위	상
車	수레	거/차	大	큰	대	母	어미	모	色	빛	색
工	장인	공	道	길	도	木	나무	목	生	날	생
空	빌	공	同	한가지	동	文	글월	문	西	서녘	서
敎	가르칠	교	冬	겨울	동	門	문	문	夕	저녁	석
校	학교	교	東	동녘	동	問	물을	문	先	먼저	선
口	입	구	洞	고을	동	物	물건	물	姓	성씨	성
九	아홉	구	動	움직일	동	民	백성	민	世	인간/세상	세
國	나라	국	登	오를	등	方	모	방	小	작을	소
軍	군사	군	來	올	래(내)	白	흰	백	少	적을/젊을	소
金	쇠 금/성	김	力	힘	력(역)	百	일백	백	所	바/곳	소
氣	기운	기	老	늙을	로(노)	父	아비	부	水	물	수
記	기록할	기	六	여섯	륙(육)	夫	지아비	부	手	손	수
旗	기	기	里	마을	리(이)	北	북녘 북/달아날	배	數	셀	수
南	남녘	남	林	수풀	림(임)	不	아니	불(부)	市	저자	시
男	사내	남	立	설	립(입)	四	넉	사	時	때	시
內	안	내	萬	일만	만	事	일	사	食	밥/먹을	식

植	심을	식	入	들	입	直	곧을	직	漢	한나라	한
室	집/실내	실	自	스스로	자	川	내	천	海	바다	해
心	마음	심	子	아들	자	千	일천	천	兄	형/맏	형
十	열	십	字	글자	자	天	하늘	천	火	불	화
安	편안할	안	長	긴/어른	장	靑	푸를	청	話	말할	화
語	말씀	어	場	마당/곳	장	草	풀	초	花	꽃	화
然	그럴	연	電	번개	전	寸	마디	촌	活	살	활
五	다섯	오	全	온전할	전	村	마을	촌	孝	효도	효
午	낮	오	前	앞	전	秋	가을	추	後	뒤	후
王	임금	왕	正	바를	정	春	봄	춘	休	쉴	휴
外	바깥	외	弟	아우	제	出	날	출			
右	오른쪽	우	祖	할아비/조상	조	七	일곱	칠			
月	달	월	足	발	족	土	흙	토			
有	있을	유	左	왼쪽	좌	八	여덟	팔			
育	기를	육	主	주인	주	便	편할 편/똥오줌 변				
邑	고을	읍	住	머무를	주	平	평평할	평			
二	두	이	中	가운데	중	下	아래	하			
人	사람	인	重	무거울	중	夏	여름	하			
一	한	일	紙	종이	지	學	배울	학			
日	날	일	地	땅	지	韓	나라/한국	한			

6급 한자 총정리

6급 한자 300자 보기(6급 신출 한자 150자)

角	뿔	각	郡	고을	군	禮	예도	례(예)	服	옷	복
各	각각	각	根	뿌리	근	路	길	로(노)	本	근본	본
感	느낄	감	近	가까울	근	綠	푸를	록(녹)	部	거느릴	부
強	강할	강	今	이제	금	理	다스릴	리(이)	分	나눌	분
開	열	개	急	급할	급	利	이로울	리(이)	社	모일	사
京	서울	경	級	등급	급	李	오얏	리(이)	使	부릴	사
界	지경	계	多	많을	다	明	밝을	명	死	죽을	사
計	셀/꾀할	계	短	짧을	단	目	눈	목	書	글	서
高	높을	고	堂	집	당	聞	들을	문	石	돌	석
苦	쓸	고	代	대신할	대	米	쌀	미	席	자리	석
古	예	고	對	대할	대	美	아름다울	미	線	줄	선
公	공평할	공	待	기다릴	대	朴	성/순박할	박	雪	눈	설
功	공	공	圖	그림	도	反	돌이킬	반	成	이룰	성
共	함께	공	度	법도 도/헤아릴 탁		半	반	반	省	살필 성/덜 생	
科	과목	과	讀	읽을 독/구절 두		班	나눌	반	消	사라질	소
果	실과	과	童	아이	동	發	필/쏠	발	速	빠를	속
光	빛	광	頭	머리	두	放	놓을	방	孫	손자	손
交	사귈	교	等	무리	등	番	차례	번	樹	나무	수
球	공	구	樂	즐길 락/풍류 악		別	다를/나눌	별	術	재주	술
區	구분할	구	例	법식	례(예)	病	병	병	習	익힐	습

勝	이길	승	勇	날랠	용	庭	뜰	정	行	다닐	행
始	비로소	시	用	쓸	용	定	정할	정	向	향할	향
式	법	식	運	옮길	운	第	차례	제	現	나타날	현
信	믿을	신	園	동산	원	題	제목	제	形	모양	형
身	몸	신	遠	멀	원	朝	아침	조	號	이름	호
新	새	신	由	말미암을	유	族	겨레	족	和	화목할	화
神	귀신	신	油	기름	유	注	부을	주	畫	그림 화/그을 획
失	잃을	실	銀	은	은	晝	낮	주	黃	누를	황
愛	사랑	애	音	소리	음	集	모을	집	會	모일	회
野	들	야	飮	마실	음	窓	창	창	訓	가르칠	훈
夜	밤	야	意	뜻	의	淸	맑을	청			
弱	약할	약	醫	의원	의	體	몸	체			
藥	약	약	衣	옷	의	親	친할	친			
洋	큰바다	양	者	놈	자	太	클	태			
陽	볕	양	昨	어제	작	通	통할	통			
言	말씀	언	作	지을	작	特	특별할	특			
業	업	업	章	글	장	表	겉	표			
英	꽃부리	영	才	재주	재	風	바람	풍			
永	길	영	在	있을	재	合	합할	합			
溫	따뜻할	온	戰	싸움	전	幸	다행	행			

6급 한자 총정리

6급 한자 300자 훈음 쓰기(8급·7급 150자)

家		女		每		山	
歌		年		面		算	
間		農		名		三	
江		答		命		上	
車		大		母		色	
工		道		木		生	
空		同		文		西	
敎		冬		門		夕	
校		東		問		先	
口		洞		物		姓	
九		動		民		世	
國		登		方		小	
軍		來		白		少	
金		力		百		所	
氣		老		父		水	
記		六		夫		手	
旗		里		北		數	
南		林		不		市	
男		立		四		時	
內		萬		事		食	

漢 海 兄 火 話 花 活 孝 後 休

直 川 千 天 青 草 寸 村 秋 春 出 七 土 八 便 平 下 夏 學 韓

入 自 子 字 長 場 電 全 前 正 弟 祖 足 左 主 住 中 重 紙 地

植 室 心 十 安 語 然 五 午 王 外 右 月 有 育 邑 二 人 一 日

6급 한자 총정리

6급 한자 300자 훈음 쓰기(6급 신출 한자 150자)

角		郡		禮		服	
各		根		路		本	
感		近		綠		部	
強		今		理		分	
開		急		利		社	
京		級		李		使	
界		多		明		死	
計		短		目		書	
高		堂		聞		石	
苦		代		米		席	
古		對		美		線	
公		待		朴		雪	
功		圖		反		成	
共		度		半		省	
科		讀		班		消	
果		童		發		速	
光		頭		放		孫	
交		等		番		樹	
球		樂		別		術	
區		例		病		習	

行	庭	勇	勝
向	定	用	始
現	第	運	式
形	題	園	信
號	朝	遠	身
和	族	由	新
畫	注	油	神
黃	畫	銀	失
會	集	音	愛
訓	窓	飲	野
	清	意	夜
	體	醫	弱
	親	衣	藥
	太	者	洋
	通	昨	陽
	特	作	言
	表	章	業
	風	才	英
	合	在	永
	幸	戰	溫

6급 한자 총정리

6급 한자 300자 쓰기(8급·7급 150자)

집	가	계집	녀(여)	매양	매	메	산
노래	가	해	년(연)	낯	면	셈할	산
사이	간	농사	농	이름	명	석	삼
강/물	강	대답할	답	목숨	명	위	상
수레	거/차	큰	대	어미	모	빛	색
장인	공	길	도	나무	목	날	생
빌	공	한가지	동	글월	문	서녘	서
가르칠	교	겨울	동	문	문	저녁	석
학교	교	동녘	동	물을	문	먼저	선
입	구	고을	동	물건	물	성씨	성
아홉	구	움직일	동	백성	민	인간/세상	세
나라	국	오를	동	모	방	작을	소
군사	군	올	래(내)	흰	백	적을/젊을	소
쇠 금 / 성 김		힘	력(역)	일백	백	바/곳	소
기운	기	늙을	로(노)	아비	부	물	수
기록할	기	여섯	륙(육)	지아비	부	손	수
기	기	마을	리(이)	북녘북/달아날배		셀	수
남녘	남	수풀	림(임)	아니	불(부)	저자	시
사내	남	설	립(입)	넉	사	때	시
안	내	일만	만	일	사	밥/먹을	식

136

심을	식	들	입	곧을	직	한나라	한
집/실내	실	스스로	자	내	천	바다	해
마음	심	아들	자	일천	천	형/맏	형
열	십	글자	자	하늘	천	불	화
편안할	안	긴/어른	장	푸를	청	말할	화
말씀	어	마당/곳	장	풀	초	꽃	화
그럴	연	번개	전	마디	촌	살	활
다섯	오	온전할	전	마을	촌	효도	효
낮	오	앞	전	가을	추	뒤	후
임금	왕	바를	정	봄	춘	쉴	휴
바깥	외	아우	제	날	출		
오른쪽	우	할아비/조상	조	일곱	칠		
달	월	발	족	흙	토		
있을	유	왼쪽	좌	여덟	팔		
기를	육	주인	주	편할 편/똥오줌	변		
고을	읍	머무를	주	평평할	평		
두	이	가운데	중	아래	하		
사람	인	무거울	중	여름	하		
한	일	종이	지	배울	학		
날	일	땅	지	나라/한국	한		

6급 한자 총정리

6급 한자 300자 쓰기(6급 신출 한자 150자)

뿔	**각**	고을	**군**	예도	**례(예)**	옷	**복**
각각	**각**	뿌리	**근**	길	**로(노)**	근본	**본**
느낄	**감**	가까울	**근**	푸를	**록(녹)**	거느릴	**부**
강할	**강**	이제	**금**	다스릴	**리(이)**	나눌	**분**
열	**개**	급할	**급**	이로울	**리(이)**	모일	**사**
서울	**경**	등급	**급**	오얏	**리(이)**	부릴	**사**
지경	**계**	많을	**다**	밝을	**명**	죽을	**사**
셀/꾀할	**계**	짧을	**단**	눈	**목**	글	**서**
높을	**고**	집	**당**	들을	**문**	돌	**석**
쓸	**고**	대신할	**대**	쌀	**미**	자리	**석**
예	**고**	대할	**대**	아름다울	**미**	줄	**선**
공평할	**공**	기다릴	**대**	성/순박할	**박**	눈	**설**
공	**공**	그림	**도**	돌이킬	**반**	이룰	**성**
함께	**공**	법도**도**/헤아릴**탁**		반	**반**	살필 **성** / 덜 **생**	
과목	**과**	읽을**독** / 구절**두**		나눌	**반**	사라질	**소**
실과	**과**	아이	**동**	필/쏠	**발**	빠를	**속**
빛	**광**	머리	**두**	놓을	**방**	손자	**손**
사귈	**교**	무리	**등**	차례	**번**	나무	**수**
공	**구**	즐길 **락**/풍류 **악**		다를/나눌	**별**	재주	**술**
구분할	**구**	법식	**례(예)**	병	**병**	익힐	**습**

이길	승	날랠	용	뜰	정	다닐	행
비로소	시	쓸	용	정할	정	향할	향
법	식	옮길	운	차례	제	나타날	현
믿을	신	동산	원	제목	제	모양	형
몸	신	멀	원	아침	조	이름	호
새	신	말미암을	유	겨레	족	화목할	화
귀신	신	기름	유	부을	주	그림화/그을획	
잃을	실	은	은	낮	주	누를	황
사랑	애	소리	음	모을	집	모일	회
들	야	마실	음	창	창	가르칠	훈
밤	야	뜻	의	맑을	청		
약할	약	의원	의	몸	체		
약	약	옷	의	친할	친		
큰바다	양	놈	자	클	태		
볕	양	어제	작	통할	통		
말씀	언	지을	작	특별할	특		
업	업	글	장	겉	표		
꽃부리	영	재주	재	바람	풍		
길	영	있을	재	합할	합		
따뜻할	온	싸움	전	다행	행		

6급 한자 총정리

한자어 독음 쓰기❶ (1,050단어)

家門	強者	高山	公立
家業	強風	高速	公式
家長	強行	苦待	公主
家庭	開校	苦生	公平
家族	開門	苦心	共同
家訓	開發	苦言	共生
歌手	開放	苦戰	共學
各界	開始	空間	科目
各國	開業	空軍	科學
各自	開場	空氣	果木
角度	開通	空席	果樹
間食	開學	空然	果然
感動	計算	空中	光明
江南	計定	工科	光線
江北	古家	工夫	交感
江山	古今	工事	交代
強國	古堂	工業	交戰
強軍	古木	工作	交通
強大	古物	工場	校歌
強力	高級	公開	校旗
強弱	高等	公共	校門

校長	國會	氣分	內外
校訓	軍歌	氣色	內衣
教室	軍力	氣運	內定
教育	軍事	氣合	來年
教人	軍樂	旗手	來世
教會	軍人	記事	來日
教訓	郡界	記入	老父
口頭	郡民	記者	老少
口號	近代	記號	老人
區別	近來	樂園	路面
區分	近方	南江	綠林
球形	根本	南門	綠色
國歌	金言	南山	綠樹
國家	金銀	南向	農家
國交	今年	男女	農夫
國軍	今日	男子	農事
國力	急死	男便	農樂
國立	急速	內面	農藥
國民	急行	內服	農業
國土	級數	內部	農場
國花	氣力	內心	農村

6급 한자 총정리

○ 한자어 독음 쓰기 ❷ (1,050단어)

多事	道立	同窓	面民
多數	道場	洞里	面長
多幸	圖面	洞民	面前
短命	圖書	洞長	名門
答禮	圖章	動力	名山
答信	圖形	動物	名言
大門	圖畫	動作	名人
大雪	度數	童心	名作
大小	讀書	童話	名畫
大人	東門	頭角	明堂
大學	東方	頭目	明白
代理	東洋	登校	明月
代身	東窓	登山	明太
代表	東海	登場	母校
待人	同感	等級	母女
對答	同等	等外	母子
對等	同色	萬年	母親
對立	同姓	萬物	木工
對面	同時	每年	木手
道路	同心	每事	木花
道理	同族	每日	目禮

目前	民族	方向	病死
門間	民主	放出	病色
門前	民話	放學	病室
門下	反感	白軍	病弱
文書	反對	白木	病者
文人	反省	白米	服用
文字	半年	白色	本家
文章	半數	白線	本國
文集	半月	白雪	本部
文學	班名	白衣	本社
問答	班別	白人	本心
問病	班長	白晝	本人
問安	發光	白紙	父女
問題	發動	百年	父母
美國	發明	百姓	父子
美男	發生	番地	父親
美女	發言	番號	夫人
美人	發電	別名	部分
米飲	發車	別食	北方
民家	發表	別表	北韓
民心	方式	病名	分家

6급 한자 총정리

한자어 독음 쓰기❸ (1,050단어)

分班	山間	書記	成果
分別	山川	書堂	成人
分數	山村	書面	世界
不利	算數	書信	世上
不明	算出	書畫	小人
不安	三角	夕食	少女
不運	上京	夕陽	少年
不平	上級	石工	所感
不幸	上席	石物	所聞
不和	上衣	石手	所有
事例	上下	石油	所重
事業	生計	席上	消失
事由	生氣	先金	消風
社長	生命	先頭	消火
社會	生物	先生	速度
社訓	生死	先手	速力
使命	生活	先祖	孫女
使用	西門	線路	孫子
使者	西山	雪風	水軍
死別	西洋	姓名	水道
死者	西海	成功	水力

水路	時代	身體	心弱
水面	時日	神童	安心
水平	市內	神話	安全
手記	市立	信用	愛校
手足	市外	新年	愛國
手話	市長	新聞	愛讀
數萬	市場	新藥	愛人
數字	始作	新人	愛族
數學	始動	新作	夜間
樹林	始祖	新正	夜食
樹立	食堂	新車	野球
樹木	食事	室內	野山
術數	食用	室外	野生
習字	食前	室長	野心
習作	食後	失禮	野人
勝利	植木	失明	藥物
勝算	植物	失手	藥水
勝者	植樹	失言	藥用
勝戰	式場	失業	藥草
時間	身分	心氣	弱小
時計	身長	心身	弱體

6급 한자 총정리

한자어 독음 쓰기 ❹ (1,050단어)

洋服	午前	用紙	育成
洋式	午後	勇氣	銀色
洋食	溫氣	勇戰	銀行
洋藥	溫度	右手	音色
陽地	溫水	右便	音樂
語學	溫室	運動	音訓
言語	王家	運用	飮水
言行	王室	運行	飮食
業體	王子	遠近	邑內
女人	王者	遠洋	邑長
女子	王族	遠足	衣服
力道	外家	遠行	意氣
力作	外交	園長	意圖
英國	外國	月光	意外
英才	外面	月色	意中
永遠	外部	有力	意向
永住	外孫	有利	醫科
禮物	外食	有名	醫書
禮服	外出	有色	醫術
禮式	用水	有心	里長
例外	用意	由來	理科

理由	入口	作業	電線
利子	入室	作用	電信
人間	入場	昨今	電車
人口	入學	昨年	電話
人氣	入會	昨日	全國
人道	立春	長男	全力
人力	子女	長女	全身
人名	子孫	長短	全心
人命	字數	長大	全體
人物	字形	長身	戰果
人夫	自動	場內	戰線
人事	自白	場面	戰術
人心	自省	場所	戰時
人形	自習	場外	戰車
日記	自身	才人	戰後
日氣	自信	在席	正答
日本	自然	在學	正道
日時	自由	前年	正面
日字	作家	前後	正式
日出	作別	電氣	正午
林業	作成	電力	正直

147

6급 한자 총정리

한자어 독음 쓰기 ⑤ (1,050단어)

定立	主人	地面	天然
庭球	住民	地方	天地
庭園	住所	地上	千年
題目	注目	地表	千字
第一	注文	地下	靑軍
弟子	注油	紙面	靑年
祖國	注意	紙上	靑山
祖母	晝間	直角	靑色
祖父	晝食	直線	靑春
祖上	晝夜	直言	淸明
朝夕	中間	直後	淸水
朝食	中國	集中	淸風
朝野	中年	集合	體力
朝會	中立	集會	體溫
足球	中心	車內	體育
左手	重力	車道	體重
左右	重病	車窓	草根
左便	重用	窓口	草木
主動	重油	窓門	草食
主力	地球	天國	草野
主食	地圖	天使	寸數

148

村老	太陽	表現	韓族
村夫	太平	風力	漢文
秋夕	土木	風雪	漢藥
秋風	土地	風速	漢語
春風	通路	下級	漢人
春花	通信	下山	漢字
出口	通行	下人	合同
出國	通話	下向	合力
出動	特級	夏冬	合心
出發	特急	學校	合作
出生	特待	學級	海軍
出席	特命	學力	海女
出入	特別	學問	海物
出戰	特色	學生	海洋
出現	便利	學習	海草
親母	平等	學者	行動
親父	平面	學風	行事
親孫	平和	學會	行人
親庭	表面	韓國	幸運
親族	表紙	韓服	向方
親和	表出	韓人	向上

6급 한자 총정리

한자어 독음 쓰기 ❻ (1,050단어)

現金		話術		黃色		後門	
現代		話題		黃土		後半	
現物		和平		黃海		後日	
現世		和合		會社		訓放	
現場		畫家		會食		訓手	
現在		畫面		會長		訓育	
兄弟		畫室		會場		訓音	
形成		畫紙		會合		訓長	
形便		活氣		孝女		訓話	
號外		活動		孝道		休業	
火力		活力		孝心		休日	
火山		活路		孝子		休戰	
花信		活用		孝行		休紙	
花園		活字		後年		休學	
花草		黃金		後面		休會	

各部分	校長室
強大國	教科書
強行軍	教習生
開校式	教育長
開業式	教育場
計算書	軍事力
古書畫	郡民會
苦學生	老弱者
工作室	農作物
空中戰	多角形
公公然	短時日
公文書	大部分
公信力	大西洋
公休日	大學校
功名心	大學生
共同體	代表作
果樹園	待合室
科學室	對角線
科學者	圖畫紙
交戰中	讀書力

6급 한자 총정리

한자어 독음 쓰기 ❼ (1,050단어)

讀後感	不在中
東洋畫	不公平
同門會	不分明
同族愛	不平等
同窓會	事業場
動物園	事業體
童話集	社長室
登山路	社會人
萬年雪	使命感
名勝地	山水畫
文學家	三角形
問題集	上半身
美國人	上水道
民族愛	生命力
反省文	生物學
反作用	西大門
半萬年	西洋人
放學式	先入感
白頭山	成功人
別天地	水平線

手工業	禮式場
樹木園	溫度計
勝利者	外國語
食用油	外國人
植木日	外孫子
新世界	運動服
新入生	運動場
失業者	有名人
愛校心	育成會
愛國歌	銀世界
愛國心	音樂家
愛國者	音樂會
愛讀者	飲食物
夜市場	衣食住
野球場	日本語
野心作	日本人
弱小國	入場式
洋食堂	入學金
年長者	自家用
英國人	自動車

6급 한자 총정리

한자어 독음 쓰기 ⑧ (1,050단어)

自信感		體育會	
作業場		出入口	
在學生		太白山	
前半戰		太平洋	
全世界		通行路	
電話線		下半身	
主動者		下水道	
注油所		學校長	
中立國		韓國人	
中心地		行事場	
重工業		行先地	
地平線		現代人	
地下道		現住所	
千字文		活動力	
體溫計		後半戰	

반의어(反義語)·상대어(相對語)

江山	江 강 **강** 山 메 **산**	강과 산.	生死	生 날 **생** 死 죽을 **사**	삶과 죽음.
強弱	強 강할 **강** 弱 약할 **약**	강함과 약함.	心身	心 마음 **심** 身 몸 **신**	마음과 몸.
古今	古 예 **고** 今 이제 **금**	예전과 지금.	遠近	遠 멀 **원** 近 가까울 **근**	멀고 가까움.
苦樂	苦 쓸 **고** 樂 즐길 **락**	괴로움과 즐거움.	日月	日 날 **일** 月 달 **월**	해와 달.
敎學	敎 가르칠 **교** 學 배울 **학**	가르침과 배움.	昨今	昨 어제 **작** 今 이제 **금**	어제와 오늘.
男女	男 사내 **남** 女 계집 **녀(여)**	남자와 여자.	長短	長 긴 **장** 短 짧을 **단**	길고 짧음.
南北	南 남녘 **남** 北 북녘 **북**	남쪽과 북쪽.	全半	全 온전할 **전** 半 반 **반**	전체와 반.
內外	內 안 **내** 外 바깥 **외**	안과 바깥.	前後	前 앞 **전** 後 뒤 **후**	앞과 뒤.
老少	老 늙을 **로(노)** 少 젊을 **소**	늙은이와 젊은이.	朝夕	朝 아침 **조** 夕 저녁 **석**	아침과 저녁.
多少	多 많을 **다** 少 적을 **소**	많음과 적음.	祖孫	祖 할아비 **조** 孫 손자 **손**	할아버지와 손자.
東西	東 동녘 **동** 西 서녘 **서**	동쪽과 서쪽.	左右	左 왼쪽 **좌** 右 오른쪽 **우**	왼쪽과 오른쪽.
登下	登 오를 **등** 下 아래 **하**	오름과 내림.	晝夜	晝 낮 **주** 夜 밤 **야**	낮과 밤.
問答	問 물을 **문** 答 대답할 **답**	묻고 대답함.	天地	天 하늘 **천** 地 땅 **지**	하늘과 땅.
別合	別 나눌 **별** 合 합할 **합**	나눔과 합함.	春秋	春 봄 **춘** 秋 가을 **추**	봄과 가을.
父母	父 아비 **부** 母 어미 **모**	아버지와 어머니.	出入	出 날 **출** 入 들 **입**	나가고 들어옴.
分合	分 나눌 **분** 合 합할 **합**	나눔과 합함.	夏冬	夏 여름 **하** 冬 겨울 **동**	여름과 겨울.
死活	死 죽을 **사** 活 살 **활**	죽음과 삶.	兄弟	兄 형 **형** 弟 아우 **제**	형과 아우.
山川	山 메 **산** 川 내 **천**	산과 내.	火水	火 불 **화** 水 물 **수**	불과 물.
上下	上 위 **상** 下 아래 **하**	위와 아래.	和戰	和 화목할 **화** 戰 싸움 **전**	화합과 전쟁.

6급 한자 총정리

동음 이의어(同音異義語) 읽는 소리는 같으나 뜻이 다른 말을 '동음 이의어'라고 합니다.

고대	苦待	몹시 기다림.	古代	옛날. 옛 시대.
고목	古木	오래 묵은 나무.	高木	높이 자란 나무.
공석	公席	공적인 자리.	空席	빈 자리.
과목	科目	교과를 구분하는 단위.	果木	과일이 열리는 나무.
교장	校長	한 학교의 최고 책임자.	敎場	교육하는 장소.
교훈	校訓	학교의 교육 목표.	敎訓	가르치고 이끌어 줌.
국가	國家	나라.	國歌	나라를 상징하는 노래.
도장	道場	무예를 연습하는 곳.	圖章	이름을 새긴 물건.
동창	同窓	같은 학교를 졸업한 사람.	東窓	동쪽으로 난 창.
시장	市長	한 시의 우두머리.	市場	물건을 사고파는 곳.
양식	洋式	서양식.	洋食	서양식의 음식.
인명	人名	사람의 이름.	人命	사람의 목숨.
입장	立場	처지.	入場	정해진 장소로 들어감.
자신	自信	자기의 능력을 굳게 믿음.	自身	자기. 제 몸.
전력	全力	모든 힘.	電力	전류에 의한 힘.
전선	電線	전류가 흐르는 선.	戰線	전투가 벌어지고 있는 곳.
전차	電車	전기의 힘으로 가는 탈것.	戰車	전쟁에 쓰이는 차. 탱크.
전후	前後	앞과 뒤.	戰後	전쟁이 끝난 뒤.
주력	主力	중심이 되는 힘이나 세력.	注力	힘을 들임.
지면	地面	땅의 표면.	紙面	신문 등의 기사를 싣는 면.
지상	地上	땅의 위.	紙上	신문·잡지의 기사면.
하교	下校	학교가 끝나 집으로 돌아감.	下敎	윗사람이 가르쳐 보임.
한식	韓式	한국식. 한국의 양식.	韓食	한국식의 음식.

○ 頭音法則(두음 법칙)

같은 글자라도 낱말의 첫머리에 올 때와 뒤에 올 때 소리가 다른 경우가 있습니다.
이처럼 낱말의 첫머리가 다른 음으로 발음되는 것을 '두음 법칙'이라고 합니다.

ㄹ이 ㅇ으로	林 수풀 림(임)	● 낱말의 뒤에 올 때는 림으로 읽는다. 山林(산림) 森林(삼림) 松林(송림) ● 낱말의 맨 앞에 올 때는 임으로 읽는다. 林業(임업) 林間(임간) 林野(임야)
	力 힘 력(역)	● 낱말의 뒤에 올 때는 력으로 읽는다. 國力(국력) 努力(노력) 軍力(군력) ● 낱말의 맨 앞에 올 때는 역으로 읽는다. 力道(역도) 力技(역기) 力士(역사)
	禮 예도 례(예)	● 낱말의 뒤에 올 때는 례로 읽는다. 失禮(실례) 答禮(답례) 目禮(목례) ● 낱말의 맨 앞에 올 때는 예로 읽는다. 禮式(예식) 禮物(예물) 禮服(예복)
	理 다스릴 리(이)	● 낱말의 뒤에 올 때는 리로 읽는다. 代理(대리) 道理(도리) 心理(심리) ● 낱말의 맨 앞에 올 때는 이로 읽는다. 理由(이유) 理想(이상) 理髮(이발)
ㄹ이 ㄴ으로	來 올 래(내)	● 낱말의 뒤에 올 때는 래로 읽는다. 未來(미래) 將來(장래) 外來(외래) ● 낱말의 맨 앞에 올 때는 내로 읽는다. 來年(내년) 來日(내일) 來往(내왕)
	老 늙을 로(노)	● 낱말의 뒤에 올 때는 로로 읽는다. 敬老(경로) 村老(촌로) 年老(연로) ● 낱말의 맨 앞에 올 때는 노로 읽는다. 老人(노인) 老少(노소) 老松(노송)
ㄴ이 ㅇ으로	女 계집 녀(여)	● 낱말의 뒤에 올 때는 녀로 읽는다. 男女(남녀) 長女(장녀) 海女(해녀) ● 낱말의 맨 앞에 올 때는 여로 읽는다. 女子(여자) 女人(여인) 女性(여성)

6급 한자 총정리

○ **유의어(類義語)** 읽는 소리는 서로 다르나 뜻(訓)이 비슷한 말을 '유의어'라고 합니다.

圖	그림	도		身	몸	신		衣	옷	의
畫	그림	화		體	몸	체		服	옷	복

道	길	도		樹	나무	수		計	셈할	계
路	길	로		木	나무	목		算	셈할	산

言	말씀	언		室	집	실		教	가르칠	교
語	말씀	어		堂	집	당		訓	가르칠	훈

分	나눌	분		對	대답할	대		集	모일	집
別	나눌	별		答	대답할	답		會	모일	회

社	모일	사		名	이름	명		家	집	가
會	모일	회		號	이름	호		室	집	실

文	글월	문		土	흙	토		學	배울	학
章	글	장		地	땅	지		習	익힐	습

海	바다	해		根	뿌리	근		洞	고을	동
洋	큰바다	양		本	근본	본		里	마을	리

○ 동자 이음어 (同字異音語)

같은 글자인데 쓰임에 따라 읽는 소리와 뜻이 달라지는 글자를 '동자 이음어'라고 합니다.
많이 쓰이는 몇 가지를 알아볼까요?

樂	樂 (즐길 락) ● **락**으로 읽는다. 　苦樂(고락)　安樂(안락) 　娛樂(오락)　行樂(행락)	樂 (풍류 악 / 좋아할 요) ● **악/요**로 읽는다. 　音樂(음악)　樂器(악기) 　樂山樂水(요산요수)
省	省 (살필 성) ● **성**으로 읽는다. 　反省(반성)　自省(자성) 　省墓(성묘)　省察(성찰)	省 (덜 생) ● **생**으로 읽는다. 　省略(생략)　省禮(생례)
行	行 (다닐 행) ● **행**으로 읽는다. 　行事(행사)　行動(행동) 　行軍(행군)　孝行(효행)	行 (줄 항) ● **항**으로 읽는다. 　行列(항렬)

6급 한자 마무리 문제 정답

★ 11장 p.109~110

(1)현재 (2)부재 (3)세계 (4)은행 (5)반수
(6)현대 (7)군내 (8)군민 (9)군계 (10)두목
(11)선두 (12)반월 (13)삼각 (14)황색 (15)금은
(16)문장 (17)도장 (18)각도 (19)출현 (20)황토
(21)표현 (22)구두 (23)직각 (24)현금 (25)두각
(26)현장 (27)황금 (28)다각형 (29)부재중 (30)재학생
(31)반평생 (32)현대문학 (33)세계평화 (34)문장표현 (35)군민대회
(36)한국은행 (37)현대과학 (38)현장부재 (39)황금시간 (40)반신반인
(41)직각삼각형 (42)글 장 (43)있을 재 (44)누를 황 (45)은 은
(46)나타날 현 (47)뿔 각 (48)지경 계 (49)반 반 (50)고을 군
(51)머리 두 (52)先頭 (53)世界 (54)郡民 (55)現代
(56)不在 (57)頭目 (58)多角形 (59)半年 (60)銀行
(61)圖章 (62)②

★ 12장 p.117~118

(1)사례 (2)문집 (3)집합 (4)예외 (5)집중
(6)영주 (7)제일 (8)향상 (9)방향 (10)상경
(11)용기 (12)자습 (13)남향 (14)습작 (15)습자
(16)이선생 (17)박사장 (18)자습문제 (19)학생문집 (20)집회장소
(21)제일등급 (22)제삼세계 (23)미국영주 (24)성/순박할 박 (25)길 영
(26)법식 례(예) (27)차례 제 (28)날랠 용 (29)모을 집 (30)오얏 리(이)
(31)서울 경 (32)익힐 습 (33)향할 향 (34)上京 (35)勇氣
(36)方向 (37)向上 (38)例話 (39)文集 (40)朴
(41)李 (42)自習 (43)第一 (44)永住 (45)例事
(46)② (47)① (48)②, ④ (49)①, ②, ③ (50)②

★ 13장 p.125~126

(1)영원 (2)원양 (3)원로 (4)근래 (5)근방
(6)원근 (7)강자 (8)강행 (9)강약 (10)강풍
(11)약소 (12)강대 (13)작년 (14)금년 (15)고금
(16)작금 (17)백주 (18)야간 (19)야식 (20)주야
(21)조석 (22)조회 (23)야산 (24)평야 (25)조야
(26)야인 (27)야심 (28)야구 (29)야생 (30)근대
(31)동서고금 (32)약소국가 (33)야생동물 (34)주야장천 (35)강할 강
(36)이제 금 (37)아침 조 (38)밤 야 (39)가까울 근 (40)들 야
(41)약할 약 (42)멀 원 (43)낮 주 (44)어제 작 (45)強大國
(46)遠洋 (47)夜食 (48)白晝 (49)野球場 (50)朝會
(51)昨年 (52)近方 (53)弱者 (54)弱 (55)遠
(56)今 (57)朝 (58)夜 (59)今 (60)낮과 밤
(61)예전과 지금 (62)멀고 가까움